콤팩트 쌩기초 중국어회화

**콤팩트
쌩기초 중국어회화**

2008년 7월 10일 초판 1쇄 발행
2016년 5월 25일 초판 3쇄 발행

엮은이 Enjc 스터디
발행인 손건
편집기획 홍미경
마케팅 이언영
디자인 김선옥
제작 최승룡
인쇄 선경프린테크

발행처 LanCom 랭컴
주소 서울시 영등포구 영신로 38길 17
등록번호 제 312-2006-00060호
전화 02) 2636-0895
팩스 02) 2636-0896
홈페이지 www.lancom.co.kr

ⓒ Enjc 스터디 2008
ISBN 978-89-89059-95-0   13720

이 책의 저작권은 저자에게 있습니다. 저자와 출판사의 허락없이
내용의 일부를 인용하거나 발췌하는 것을 금합니다.

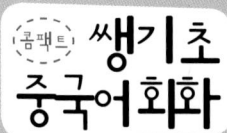

Enjc 스터디 지음

Preface

중국어회화를 효과적으로 습득하는 비결은 꼭 필요한 표현을 먼저 마스터하고 그것을 최대한 활용하는 것입니다. 닥치는 대로 수많은 문장을 암기하려고 하면 결국에는 좌절하게 됩니다. 〈콤팩트 쌩기초 중국어회화〉은 초보자들이 중국어회화에 대한 압박에서 벗어나 자신감을 가지고 중국어회화에 쉽게 다가갈 수 있도록 만든 책으로, 실제 생활에서 정말 자주 쓰이는 표현만을 엄선하여 자유자재로 활용할 수 있도록 하였습니다. 또한 이 책은 언제 어디서든 휴대하면서 공부할 수 있도록 콤팩트 사이즈로 엮었습니다. 책은 작지만 다음과 같은 알찬 특징을 가지고 있습니다.

Part 1의 회화의 기초를 다지는 기본표현에서는 회화를 하는데 꼭 알아두어야 하는 표현 21가지를 원어민이 녹음한 음성파일을 반복해서 들으며 공부할 수 있습니다. 또한 회화의 가장 기본이 되는 표현과 초보자들의 이해를 돕기 위한 상세한 설명 및 생생한 예문을 수록하였습니다.

Part 2의 회화의 감각을 살려주는 패턴 73에서는 Part 1에서 배웠던 기본표현을 바탕으로 73개의 패턴을 가지고 다양한 문장으로 200% 활용할 수 있도록 구성하였습니다.

중국어회화가 어렵다는 사람의 대부분은 머릿속에서 구문과 단어를 너무 복잡하게 생각해서 표현이 입 밖으로 나오지 않는 것입니다. 어렵게 생각하지 말고 일정한 기본적인 상황 패턴을 다소 변형시키고 단어를 바꿔 넣어 자유롭게 활용해 중국어회화 실력을 한 단계 업그레이드시켜 봅시다.

회화의 기초를 다지는 기본표현
중국어회화를 처음 시작하는 분들을 위한 인사, 소개, 감사, 사죄, 부탁, 축하, 맞장구·감정·질문 표현 등 중국어회화의 기본표현을 차근차근 공부할 수 있습니다.

회화의 감각을 살리는 패턴 73
즉석에서 활용이 가능하도록 비슷한 일상생활에 많이 쓰이는 상황 패턴을 모아 73개로 분류하여 바로바로 응용할 수 있도록 하였습니다.

필요한 기본표현과 응용표현
어떤 상황에든 적용할 수 있는 단문 위주의 기본적인 표현과 이것을 가지고 실제 대화에 바로바로 응용할 수 있는 다이얼로그를 두어 충분히 학습 효과를 기대할 수 있도록 하였습니다.

주제별 단어
중국어뿐만 아니라 외국어의 기본은 단어에서 출발합니다. 이 책에는 특별 부록의 형식으로 회화의 기본이 되는 단어를 주제별로 구성하여 회화에 도움이 되도록 하였습니다.

머리에 쏙쏙 들어오는 mp3 파일
원어민의 정확한 발음을 익힐 수 있도록 일상적인 대화 속도로 본문 내용을 녹음한 mp3 파일을 랭컴출판사 홈페이지(www.lancom.co.kr)에서 무료로 다운받으실 수 있습니다.

한글로 중국어발음 표기
중국어 초급자를 위해 원어민의 발음에 가깝게 한글로 발음을 표기하였습니다.

Contents

Part 1 회화의 기초를 다지는 기본표현

- Unit 01 일상의 인사 표현 12
- Unit 02 소개할 때 14
- Unit 03 자기소개할 때 16
- Unit 04 가족소개와 이름을 물을 때 18
- Unit 05 오랜만에 만났을 때 20
- Unit 06 헤어질 때의 인사 22
- Unit 07 감사의 표현 24
- Unit 08 사과할 때 26
- Unit 09 부탁할 때 28
- Unit 10 축하할 때 30
- Unit 11 맞장구를 칠 때 32
- Unit 12 알아듣지 못했을 때 34
- Unit 13 기쁨과 칭찬의 표현 36
- Unit 14 슬픔·위로할 때 38
- Unit 15 불만스러울 때 40
- Unit 16 찬성할 때 42
- Unit 17 반대할 때 44
- Unit 18 거절할 때 46
- Unit 19 질문할 때 48
- Unit 20 긍정할 때 50
- Unit 21 부정할 때 52

Part 2 회화의 감각을 살리는 패턴 73

- Unit 01 아는 사람을 우연히 만났을 때 56
- Unit 02 모르는 사람에게 말을 걸 때 58
- Unit 03 집에 초대할 때 60
- Unit 04 손님을 맞이할 때 62
- Unit 05 손님께 권하는 말 64
- Unit 06 손님께 음료를 권할 때 66
- Unit 07 손님께 음식을 권할 때 68
- Unit 08 자리에서 일어날 때 70
- Unit 09 손님을 배웅할 때 72
- Unit 10 일을 대신 처리할 때 74
- Unit 11 자리를 권할 때 76
- Unit 12 선물을 전할 때 78
- Unit 13 다른 사람의 계획을 물을 때 80
- Unit 14 약속 시간을 정할 때 82
- Unit 15 약속하기 편한 시간을 물을 때 84
- Unit 16 직장을 물어볼 때 86
- Unit 17 고향을 물어볼 때 88
- Unit 18 가족을 물어볼 때 90
- Unit 19 의미를 확인할 때 92
- Unit 20 반문할 때 94
- Unit 21 이해했는지 확인할 때 96
- Unit 22 상대방의 의견을 확인할 때 98
- Unit 23 취미를 물어볼 때 100

Unit 24	원인을 물어볼 때	102
Unit 25	상대방이 생각나지 않을 때	104
Unit 26	상황이 안 좋을 때	106
Unit 27	길을 물어볼 때	108
Unit 28	교통편을 알려줄 때	110
Unit 29	먼저 자리에서 일어나야 할 때	112
Unit 30	손님을 안내할 때	114
Unit 31	다른 사람이 부를 때	116
Unit 32	이미 충분함을 표현할 때	118
Unit 33	주의를 환기시킬 때	120
Unit 34	중요한 일을 잊었을 때	122
Unit 35	능력이 안 됨을 나타낼 때	124
Unit 36	상대의 말을 못 알아들을 때	126
Unit 37	상대의 말을 알아들었을 때	128
Unit 38	사과의 메시지를 전할 때	130
Unit 39	의견을 제시할 때	132
Unit 40	날씨에 대해 말할 때	134
Unit 41	컨디션이 좋지 않을 때	136
Unit 42	음식 맛이 좋을 때	138
Unit 43	호의를 받아드릴 때	140
Unit 44	자신의 책임이 아님을 표현할 때	142
Unit 45	상대방의 잘못을 지적할 때	144
Unit 46	상대방에게 감탄했을 때	146
Unit 47	안도의 뜻을 나타낼 때	148
Unit 48	기쁜 소식을 들었을 때	150
Unit 49	추측을 나타 낼 때	152

Unit	제목	페이지
Unit 50	의외의 상황에 부딪혔을 때	154
Unit 51	상대방의 옷차림을 칭찬할 때	156
Unit 52	상대방을 진정시킬 때	158
Unit 53	상대를 위로할 때	160
Unit 54	상대를 격려할 때	162
Unit 55	상대가 내 일을 대신 해주었을 때	164
Unit 56	칭찬을 받았을 때	166
Unit 57	물건을 전해달라고 부탁할 때	168
Unit 58	물건을 빌릴 때	170
Unit 59	참석해도 되는지 물을 때	172
Unit 60	기다리라고 말할 때	174
Unit 61	상의할 일이 있을 때	176
Unit 62	상대에게 부탁할 때	178
Unit 63	부탁을 해야 할 때	180
Unit 64	상대방의 의견을 구할 때	182
Unit 65	부탁을 들어줄 때	184
Unit 66	부탁을 거절할 때	186
Unit 67	반대 의견을 제시할 때	188
Unit 68	정확한 의사를 표명할 수 없을 때	190
Unit 69	동의를 나타낼 때	192
Unit 70	전화를 걸 때	194
Unit 71	전화를 받을 때	196
Unit 72	병원에 가야할 때	198
Unit 73	병문안할 때	200

주제별 일상단어 202

Chinese Conversation
for Beginners

Part 1

회화의 기초를 다지는 기본표현

Unit 01 일상의 인사 표현

안녕하세요?
你好!
Nǐ hǎo!
니 하오!

좋은 아침이에요!
早上好!
Zǎoshang hǎo!
자오샹 하오!

여러분 안녕하세요?
大家好!
Dàjiā hǎo!
따찌아 하오!

안녕히 주무세요.
晚安。
Wǎn'ān.
완안.

잘 지내십니까?
你好吗?
Nǐ hǎo ma?
니 하오 마?

외출하세요?
你出去吗?
Nǐ chūqu ma?
니 추취 마?

날씨가 좋군요.
今天天气真不错。
Jīntiān tiānqì zhēn bú cuò.
찐티엔 티엔치 쩐 부 추어.

Part 1. 회화의 기초를 다지는 기본표현

A : 小林！最近过得怎么样？
Xiǎolín! Zuìjìn guò de zěnmeyàng?
시아오린! 쭈에이찐 꾸어 더 전머양?

B : 还是老样子，你呢？
Háishi lǎoyàngzi, nǐ ne?
하이스ᵖ 라오 양즈, 니 너?

A : 我也还好。
Wǒ yě háihǎo.
워 이에 하이하오.

A : 샤오린! 요즘 어떻게 지내요?
B : 늘 그렇죠. 당신은요?
A : 나도 잘 지내요.

你好！

好는 '좋다'의 뜻으로 참 많이 쓰이는 말입니다. 인사말에도 好를 써서 '안녕하세요'라고 인사할 때는 你好！라고 합니다. 아침에는 早上好, 오후에는 下午好, 저녁에는 晚上好라고 하기도 합니다. 이와 비슷한 표현인 你好吗？는 '잘 지냈어요？'라는 뜻으로 안부를 함께 물어보는 인사입니다.

Unit 02 소개할 때

제가 소개해드리겠습니다.
我来介绍一下。
Wǒ lái jièshào yí xià.
워 라이 찌에샤오 이 시아.

이쪽은 왕하이 씨입니다.
这是王海先生。
Zhè shì Wáng Hǎi xiānsheng.
쩌 스 왕 하이 시엔셩.

서로 인사 나누세요.
你们互相认识一下吧。
Nǐmen hùxiāng rènshi yí xià ba.
니먼 후시앙 런스 이 시아 바.

처음 뵙겠습니다, 잘 부탁드립니다.
初次见面，请多多关照。
Chūcì jiànmiàn, qǐng duōduō guānzhào.
추츠 찌엔미엔, 칭 뚜어뚜어 꾸안짜오.

당신이 바로 왕선생이시군요, 전부터 뵙고 싶었습니다.
你就是李先生，我早就想认识你了。
Nǐ jiù shì Lǐ xiānsheng, wǒ zǎojiù xiǎng rènshi nǐ le.
니 찌우 스 리 시엔셩, 워 자오찌우 시앙 런스 니 러.

만나서 반갑습니다. 이준기라고 합니다.
见到你很高兴。我叫李俊基。
Jiàn dào nǐ hěn gāoxìng. Wǒ jiào Lǐ Jùnjī.
찌엔 따오 니 흐언 까오싱. 워 찌아오 리 쮠 찌.

전에 어디서 만난 적이 있는 것 같군요.
好像以前我们在哪里见过面。
Hǎoxiàng yǐqián wǒmen zài nǎli jiàn guo miàn.
하오시앙 이치엔 워먼 짜이 나리 찌엔 궈 미엔.

A : 金先生，这位是王海先生。
Jīn xiānsheng, zhè wèi shì Wáng Hǎi xiānsheng.
찐 시엔셩, 쩌 웨이 스 왕 하이 시엔셩.

B : 你好，我是李俊基。请多指教。
Nǐ hǎo, Wǒ shì Lǐ Jùnjī. Qǐng duō zhǐjiào.
니 하오, 워 스 리 찐, 칭 뚜어 즈찌아오.

C : 认识你很高兴。我是王海。
Rènshi nǐ hěn gāoxìng. wǒ shì Wáng Hǎi.
런스 니 흐언 까오싱. 워 스 왕 하이.

A : 김선생님, 이분은 왕하이 씨입니다.
B : 처음 뵙겠습니다. 이준기입니다. 많이 가르쳐주십시오.
C : 만나서 반갑습니다. 왕하이입니다.

名片

중국 사람과 처음 만나면 보통 명함을 함께 교환합니다. 중국 분의 명함을 받으면 이름 위에 붙은 소속이나 직함을 나타내는 말인 头衔이 여러 줄인 경우가 많습니다. 그럴 경우 맨 윗줄에 가장 중요한 직함이 옵니다. 명함을 교환하면 상대방의 이름이나 소속을 알기 쉽고 또 앞으로 연락하기도 좋지만 명함에 있는 한자가 너무 어려워 난감할 수도 있는데 그럴 때는 어떻게 읽는지 발음을 물어보거나 직함에 대해서 물어보면서 자연스럽게 대화를 이끌어나갈 수 있습니다.

Unit 03 자기소개할 때

제가 먼저 제 소개를 하겠습니다.
让我先来自我介绍。
Ràng wǒ xiān lái zìwǒjièshào.
랑 워 시엔 라이 쯔워찌에샤오.

제 소개를 하겠습니다.
我来介绍一下我自己。
Wǒ lái jièshào yí xià wǒ zìjǐ.
워 라이 찌에샤오 이 시아 워 쯔지.

안녕하세요, 제 이름은 이준기입니다.
你们好，我叫李俊基。
Nǐmen hǎo, wǒ jiào Lǐ Jùnjī.
니먼 하오, 워 찌아오 리 찐.

저는 한국에서 온 이준기입니다.
我是从韩国来的李俊基。
Wǒ shì cóng Hánguó lái de Lǐ Jùnjī.
워 스 총 한구어 라이 더 리 찐.

저는 출장왔습니다.
我是来出差的。
Wǒ shì lái chūchāi de.
워 스 라이 추챠이 더.

저는 무역회사에서 영업을 하고 있습니다.
我在贸易公司担任营销工作。
Wǒ zài màoyì gōngsī dānrèn yíngxiāo gōngzuò.
워 짜이 마오이 꽁쓰 딴런 잉시아오 꽁쭈어.

저는 중국에 처음 왔습니다.
我第一次来到中国。
Wǒ dì yī cì lái dào Zhōngguó.
워 띠 이 츠 라이 따오 쯍구어.

Part 1. 회화의 기초를 다지는 기본표현

A : 你是从哪儿来的?
Nǐ shì cóng nǎr lái de?
니 스 총 나알 라이 더?

B : 我从韩国来的。
Wǒ cóng Hánguó lái de.
워 총 한구어 라이 더.

A : 韩国的哪个地方?
Hánguó de nǎ ge dìfang?
한구어 더 나 거 띠팡?

A : 어디에서 오셨어요?
B : 한국에서 왔습니다.
A : 한국 어디요?

처음 만난 중국인에게 묻는 말

언어가 잘 통하지 않고 서로 다른 문화에서 살아온 외국인을 만난다는 것은 두렵기도 하고 한편으로는 가슴 설레는 일이기도 합니다. 한국에 온 중국인에게 한국에 대한 소감이나 여행에 대해 묻는 표현을 보면 다음과 같다.

你觉得韩国怎么样? 한국은 어때요?
你是第一次来韩国吗? 한국은 처음입니까?
你都去过哪些国家? 당신은 어느 나라에 가보았습니까?
你是来韩国做什么的? 무슨 일로 한국에 오셨나요?

Unit 04 가족소개와 이름을 물을 때

이 사람이 아내(남편)입니다.

这是我爱人。
Zhè shì wǒ àiren.
쩌°스° 워 아이런.

형입니다. 지금 은행에서 일하고 있습니다.

这是我哥哥。他在银行工作。
Zhè shì wǒ gēge. tā zài yínháng gōngzuò.
쩌°스° 워 끄어그어. 타 짜이 인항 꽁쭈어.

이쪽은 남편입니다. 지금 장사를 하고 있습니다.

这是我丈夫。他是做生意的。
Zhè shì wǒ zhàngfu. tā shì zuò shēngyi de.
쩌°스° 워 짱°푸. 타 스° 쭈어 셩°이 더.

말씀 좀 여쭐게요, 왕선생 되시나요?

请问, 你是王先生吗?
Qǐng wèn, nǐ shì Wáng xiānsheng ma?
칭원, 니 스° 왕 시엔셩° 마?

성함이 어떻게 되시죠?

您贵姓?
Nín guì xìng?
닌 꾸에이 싱?

제가 어떻게 불러야 할까요?(이름을 물어보는 말)

我该怎么称呼你呢?
Wǒ gāi zěnme chēnghu nǐ ne?
워 까이 전머 쳥°후 니 너?

성함을 여기에 적어 주세요.

请在这里写下您的大名。
Qǐng zài zhèli xiěxià nín de dàmíng.
칭 짜이 쪄°리 시에시아 닌 더 따밍.

Part 1. 회화의 기초를 다지는 기본표현

A : 这是我的名片。
Zhè shì wǒ de míngpiàn.
쪄 스 워 더 밍피엔.

B : 谢谢。这是我的。
Xièxie. zhè shì wǒ de.
시에시에. 쪄 스 워 더.

A : 今后我们经常保持联系吧。
Jīnhòu wǒmen jīngcháng bǎochí liánxì ba.
진허우 워먼 찡챵° 바오츠° 리엔시 바.

A : 제 명함입니다.
B : 감사합니다. 제 것도 있습니다.
A : 앞으로 우리 자주 연락합시다.

🗨

가족에 관한 호칭

중국어에서 爱人은 남편이나 아내를 가리키는 배우자를 말합니다. 그 외에 자신의 아내를 말할 때는 妻子 혹은 内人이라고 하고 상대방의 부인은 太太, 夫人이라고 합니다. 남편의 경우 丈夫라고 하면 됩니다. 또 형제를 지칭하는 호칭 가운데 哥哥는 '형' 또는 '오빠', 姐姐는 '누나' 또는 '언니'에 해당합니다.

Unit 05 오랜만에 만났을 때

오랜만이군요.
好久不见了。
Hǎo jiǔ bú jiàn le.
하오 지우 부 찌엔 러.

우리 몇 년 동안 못 만났죠.
我们好几年没见面了。
Wǒmen hǎo jǐ nián méi jiànmiàn le.
워먼 하오 지 니엔 메이 찌엔미엔 러.

요즘 어떻게 지내세요?
最近过得怎么样?
Zuìjìn guò de zěnmeyàng?
쭈에이찐 꾸어 더 전머양?

잘 지냈습니다. 당신은요?
我很好,你呢?
Wǒ hěn hǎo, nǐ ne?
워 흐언 하오, 니 너?

야, 이게 누구야?
哟, 这是谁啊?
Yō, zhè shì shéi a?
요, 쩌 스 셰이 아?

이곳에서 만나게 될 줄 몰랐어요.
真没想到在这儿遇到你。
Zhēn méi xiǎng dào zài zhèr yùdào nǐ.
쩐 메이 시앙 따오 짜이 쩌얼 위따오 니.

세상 참 좁네요.
这世界太小了。
Zhè shìjiè tài xiǎo le.
쩌 스찌에 타이 시아오 러.

Part 1. 회화의 기초를 다지는 기본표현

A : 好久没见了。日子过得怎么样?
Hǎo jiǔ méi jiàn le. rìzi guò de zěnmeyàng?
하오 지우 메이 찌엔 러, 르즈 꾸어 더 전머양?

B : 托你的福，我过得很好。
Tuō nǐ de fú, wǒ guò de hěn hǎo.
투어 니 더 푸, 워 꾸어 더 흐언 하오.

A : 你一点儿也没变。
Nǐ yì diǎnr yě méi biàn.
니 이 디알 이에 메이 삐엔.

A : 야, 오랫동안 만나지 못했군요. 잘 지내셨습니까?
B : 덕분에 잘 지냈습니다.
A : 하나도 안 변하셨네요.

🗨

好久不见了.

아는 사람을 오랜만에 만났을 때 건네는 표현입니다. 여기서 好는 '좋다'는 뜻이 아니라 정도를 나타내는 표현으로 很과 같습니다. '아주 오랫동안 만나지 못했다'라고 직역할 수 있는 이 표현은 好久没见了라고 하기도 합니다. '1년 만에 뵙네요'라고 하려면 我们都一年没见面了라고 합니다. '당신을 다시 만나 반갑습니다'라고 하려면 很高兴再次见到你라고 합니다.

Unit 06 헤어질 때의 인사

안녕히 가세요(계세요).
再见。
Zàijiàn.
짜이찌엔.

내일 봐요.
明天见。
Míngtiān jiàn.
밍티엔 찌엔.

그럼, 나중에 봐요.
那么, 下次见。
Nàme, xiàcì jiàn.
나머, 시아츠 찌엔.

조심해서 가세요.
请慢走。
Qǐng mànzǒu.
칭 만저우.

시간이 늦었군요, 이만 가보겠습니다.
时间不早了, 我该告辞了。
Shíjiān bù zǎo le, wǒ gāi gàocí le.
스ᵖ찌엔 뿌 자오 러, 워 까이 까오츠 러.

모두에게 안부전해주세요.
请向大家问好。
Qǐng xiàng dàjiā wènhǎo.
칭 시앙 따찌아 원하오.

몸조심하세요.
请多多保重。
Qǐng duōduō bǎozhòng.
칭 뚜어뚜어 바오쫑ᵖ.

22

Part 1. 회화의 기초를 다지는 기본표현

A : 手续都办好了吗?
Shǒuxù dōu bàn hǎo le ma?
셔우쉬 떠우 빤 하오 러 마?

B : 办好了。谢谢你来送我。
Bàn hǎo le. Xièxie nǐ lái sòng wǒ.
빤 하오 러. 시에시에 니 라이 쏭 워.

A : 不客气。祝你一路平安!
Bú kèqi. zhù nǐ yílùpíng'ān.
부 크어치. 쭈 니 이루핑안.

A : 수속은 다 끝났나요?
B : 끝났어요. 배웅해주셔서 고마워요.
A : 천만에요. 편안한 여행 되세요!

헤어질 때

再见은 '다시 만나자'는 뜻이지만 우리말의 '안녕!'과 같이 헤어질 때 하는 인사말입니다. 다시 만날 시간이 약속된 경우라면 '내일 봐요!', '잠시 후에 봐요!' 즉 明天见!, 回头见!처럼 다시 만날 시간 뒤에 '만나다'라는 뜻의 동사 见을 붙입니다. 젊은 사람들은 영어의 'bye-bye'를 음역한 拜拜라고 인사하기도 합니다. 대답은 상대방과 똑같이 再见, 明天见, 拜拜로 하면 됩니다.

Unit 07 감사의 표현

고맙습니다.
谢谢。
Xièxie.
시에시에.

정말 감사합니다.
太感谢你了。
Tài gǎnxiè nǐ le.
타이 간시에 니 러.

도와주셔서 감사합니다.
谢谢你的帮助。
Xièxie nǐ de bāngzhù.
시에시에 니 더 빵쭈°.

배려해주셔서 고맙습니다.
谢谢你的关照。
Xièxie nǐ de guānzhào.
시에시에 니 더 꾸안짜°오.

뭐라고 감사드려야 할지 모르겠네요.
不知道该怎么感谢你才好。
Bù zhīdao gāi zěnme gǎnxiè nǐ cái hǎo.
뿌 쯔°다오 까이 전머 간시에 니 차이 하오.

천만에요.
不客气。
Bú kèqi.
부 크어치.

괜찮아요.
不用谢。
Búyòng xiè.
부용 시에.

Part 1. 회화의 기초를 다지는 기본표현

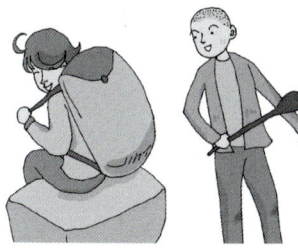

A : 谢谢你帮我这么多忙。
Xièxie nǐ bāng wǒ zhème duō máng.
시에시에 니 빵 워 쩌'머 뚜어 망.

B : 没什么，这是我应该做的。
Méi shénme, zhè shì wǒ yīnggāi zuò de.
메이 션'머, 쩌' 스° 워 잉까이 쭈어 더.

A : 希望我们很快会再见！。
Xīwàng wǒmen hěn kuài huì zàijiàn!
시왕 워먼 흐언 쿠아이 후에이 짜이찌엔!

A : 이렇게 많이 도와주셔서 고맙습니다.
B : 아닙니다, 제가 해야 할 일인걸요.
A : 조만간 다시 뵐 수 있기 바랍니다.

상대에게 감사의 내용을 전할 때

'~해서 고맙습니다'라고 감사의 마음을 전할 때는 문장을 谢谢 혹은 感谢로 시작합니다.

谢谢你的帮助。 도와줘서 고마워요.

谢谢你邀请我。 초대해 주셔서 고마워요.

感谢你为我准备了这么丰盛的晚餐。
훌륭한 저녁을 마련해주셔서 고맙습니다.

谢谢你来机场接我。 공항으로 마중 나와서 고맙습니다.

Unit 08 사과할 때

미안합니다.
对不起。
Duì bu qǐ.
뚜에이 부 치.

죄송합니다.
抱歉。
Bàoqiàn.
빠오치엔.

정말 미안합니다.
真不好意思。
Zhēn bù hǎo yìsi.
쩐 뿌 하오 이쓰.

양해해 주십시오.
请原谅。
Qǐng yuánliàng.
칭 위엔리앙.

괜찮습니다.
没关系。
Méi guānxi.
메이 꾸안시.

괜찮아요.
不要紧。
Búyàojǐn.
부야오진.

괜찮아요.
没事儿。
Méishìr.
메이슬.

Part 1. 회화의 기초를 다지는 기본표현

A : 对不起，让你久等了。
Duì bu qǐ, ràng nǐ jiǔ děng le.
뚜에이 부 치, 랑 니 지우 덩 러.

B : 没事儿，我也刚到的。
Méishìr, wǒ yě gāng dào de.
메이 슬, 워 이에 깡 따오 더.

A : 公司有急事儿，请原谅。
Gōngsī yǒu jíshìr, qǐng yuánliàng.
꽁쓰 여우 지슬, 칭 위엔리앙.

　A : 미안합니다, 오래 기다리셨죠.
　B : 괜찮아요, 저도 방금 왔어요.
　A : 회사에 급한 일이 있어서요, 양해해주십시오.

不好意思

不好意思는 '부끄럽다'의 의미지만 우리말의 '미안합니다'라는 의미로 쓰입니다. 길거리나 공공장소에서 실수로 상대방과 몸을 부딪치더라도 对不起 보다는 不好意思라고 말하는 것을 더 많이 볼 수 있을 것입니다. '괜찮아요'라고 대답하려면 没关系 혹은 没事儿, 不要紧이라고 합니다.

Unit 09 부탁할 때

말씀 좀 여쭐게요.
请问一下。
Qǐn wèn yí xià.
칭 원 이 시아.

소개해주세요.
请介绍一下。
Qǐng jièshào yí xià.
칭 찌에샤오 이 시아.

저 좀 도와주시겠어요?
请帮我一个忙,好吗?
Qǐng bāng wǒ yí ge máng, hǎo ma?
칭 빵 워 이 거 망, 하오 마?

잠깐 실례해도 될까요?
可以打扰你一下吗?
Kěyǐ dǎrǎo nǐ yí xià ma?
크어이 다라오 니 이 시아 마?

한 가지 부탁하고 싶은데 괜찮으세요?
我想拜托你一件事,可以吗?
Wǒ xiǎng bàituō nǐ yí jiàn shì, kěyǐ ma?
워 시앙 빠이투어 니 이 찌엔 스, 크어이 마?

이것을 보여주세요.
请给我看看这个。
Qǐng gěi wǒ kànkan zhè ge.
칭 게이 워 칸칸 쩌 거.

고맙습니다, 폐가 많았어요.
谢谢,麻烦你了。
Xièxie, máfan nǐ le.
시에시에, 마판 니 러.

Part 1. 회화의 기초를 다지는 기본표현

A : 请你帮我一件事，好吗？
Qǐng nǐ bāng wǒ yí jiàn shì, hǎo ma?
칭 니 빵 워 이 찌엔 스, 하오 마?

B : 好的。什么事？
Hǎode. shénme shì?
하오더. 션머 스?

A : 我想给中国朋友写信。
Wǒ xiǎng gěi Zhōngguó péngyou xiě xìn.
워 시앙 게이 쫑구어 펑여우 시에 신.

A : 좀 부탁드리고 싶은데, 괜찮으세요?
B : 네, 무슨 일이죠?
A : 중국 친구에게 편지 쓰고 싶어요.

부탁하는 말 请

상대방에게 길을 묻거나 부탁할 때 문장 앞에 请이나 麻烦你를 붙여 주면 정중한 표현이 됩니다. 请은 '～해 주세요', 麻烦은 '번거롭다, 귀찮다'의 뜻입니다. 또 문장 끝에 好吗?, 好不好? 를 붙여 상대방의 의향을 물어볼 수도 있습니다. 예를 들어 请告诉我邮局在哪里,好吗？는 '우체국이 어디에 있는지 알려주시겠어요?', 请把报纸借我看,好吗？는 '신문을 빌려주시면 안 될까요?' 라고 부탁하는 표현입니다.

29

Unit 10 축하할 때

축하드립니다.
祝贺你。
Zhùhè nǐ.
쭈흐어 니.

축하합니다.
恭喜恭喜。
Gōngxi gōngxi.
꽁시 꽁시.

취업을 축하합니다.
恭喜你找到工作了。
Gōngxǐ nǐ zhǎo dào gōngzuò le.
꽁시 니 쟈오 따오 꽁쭈어 러.

모든 것이 순조롭길 빕니다!
祝你一切顺利！
Zhù nǐ yíqiè shùnlì.
쭈 니 이치에 순리.

행운을 빌어요!
祝你好运！
zhù nǐ hǎoyùn!
쭈 니 하오윈!

건강하세요!
祝你身体健康！
Zhù nǐ shēntǐ jiànkāng!
쭈 니 션티 찌엔캉!

일이 순조롭길 빌어요!
祝你工作顺利！
Zhù nǐ gōngzuò shùnlì!
쭈 니 꽁쭈어 순리!

Part 1. 회화의 기초를 다지는 기본표현

A : 我们就要结婚了。
　　Wǒmen jiù yào jiéhūn le.
　　워먼 찌우 야오 지에훈 러.

B : 恭喜你们。
　　Gōngxǐ nǐmen.
　　꽁시 니먼.

A : 谢谢。请参加我们的婚礼。
　　Xièxie. qǐng cānjiā wǒmen de hūnlǐ.
　　시에시에. 칭 찬찌아 워먼 더 훈리.

A : 저희 곧 결혼해요.
B : 축하합니다.
A : 고맙습니다. 저희 결혼식에 와주세요.

건배

공식적인 연회나 친구들과의 모임 등 다양한 술자리에서 술을 권하고 건배를 하게 됩니다. 특히 중국인들은 식사 때 맥주 한 두 잔 정도의 가벼운 술을 즐기는 분이 많아 자연스럽게 건배를 하게 되지요. '건배'는 중국어로 干杯, 술을 권할 때는 请喝一杯吧, 我敬你一杯라고 합니다. '한잔 드시죠'와 '한잔 드리겠습니다'의 뜻입니다. 친한 사이라면 술잔을 부딪치며 来, 我们干一杯라고 합니다. 为 ~, 干杯!는 '~ 위하여 건배!'라는 뜻으로 건배를 제의하는 말입니다.

31

Unit 11 맞장구를 칠 때

정말입니까?
真的吗?
Zhēnde ma?
쩐더 마?

그렇습니다.
是啊。
Shì a.
스°아.

네, 그렇습니다.
对,是这样。
Duì, shì zhèyàng.
뚜에이, 스° 쩌°양.

어떻게 그럴 수가.
怎么可能呢。
Zěnme kěnéng ne.
전머 크어넝 너.

물론이죠.
那当然。
Nà dāngrán.
나 땅란°.

저도 그렇게 생각합니다.
我也这么想。
Wǒ yě zhème xiǎng.
워 이에 쩌°머 시앙.

일리 있는 말씀이세요.
你说得有道理。
Nǐ shuō de yǒu dàoli.
니 수°어 더 여우 따오리.

Part 1. 회화의 기초를 다지는 기본표현

A : 我中彩票了。
Wǒ zhòng cǎipiào le.
워 쭝° 차이피아오 러.

B : 别开玩笑。
Bié kāiwánxiào.
비에 카이완시아오.

A : 是真的。
Shì zhēnde.
스° 쩐°더.

A : 저 복권에 당첨됐어요.
B : 농담하지 마.
A : 정말이에요.

농담하다.

'농담하다' 라는 표현은 开玩笑입니다. 농담으로 한 말을 상대방이 진지하게 받아들이면 只是开玩笑而已라고 합니다. 해석하면 '농담이었어요' 라는 뜻입니다. 상대방이 터무니없는 말을 할 때 '농담하지 말아요' 라고 하려면 你别开玩笑라고 합니다.

Unit 12 알아듣지 못했을 때

방금 뭐라고 하셨어요?
你刚才说什么？
Nǐ gāngcái shuō shénme?
니 깡차이 수어 션머?

미안합니다, 잘 못 들었습니다.
不好意思，我没听清楚。
Bù hǎo yìsi, wǒ méi tīng qīngchu.
뿌 하오 이쓰, 워 메이 팅 칭추.

당신이 한 말을 모르겠어요.
我没听懂你说的话。
Wǒ méi tīng dǒng nǐ shuō de huà.
워 메이 팅 둥 니 수어 더 후아.

무슨 뜻인지 잘 모르겠습니다.
我不明白你说的是什么意思。
Wǒ bù míngbái nǐ shuō de shì shénme yìsi.
워 뿌 밍바이 니 수어 더 스 션머 이쓰.

다시 한 번 말해 주세요.
请你再说一遍。
Qǐng nǐ zài shuō yí biàn.
칭 니 짜이 수어 이 삐엔.

좀 천천히 말해 주세요.
请慢点儿说。
Qǐng màn diǎnr shuō.
칭 만 디알 수어.

여기에 써주세요.
请在这里写一下。
Qǐng zài zhèli xiě yí xià.
칭 짜이 쩌리 시에 이 시아.

Part 1. 회화의 기초를 다지는 기본표현

A : 不好意思，刚才你说什么？
Bù hǎo yìsi, gāngcái nǐ shuō shénme?
뿌 하오 이쓰, 깡차이 니 수어 션머?

B : 还要再说一遍吗？
Hái yào zài shuō yí biàn ma?
하이 야오 짜이 수어 이 삐엔 마?

A : 请你再解释一下。
Qǐng nǐ zài jiěshì yí xià.
칭 니 짜이 지에스 이 시아.

A : 미안합니다. 뭐라고 했습니까?
B : 다시 한 번 말할까요?
A : 다시 설명해 주세요.

没听清楚와 没听懂

没听清楚는 소리가 안 들리거나 주의를 집중하지 않아서 '잘 못 들었다' 라는 의미고 没听懂은 듣기는 했는데 무슨 의미인지 알아듣지 못했다' 라는 의미입니다. 긍정형은 각각 听清楚와 听懂입니다. 따라서 상대방에게 '잘 들었어요? 라고 물어보려면 听清楚了吗？, 이해했는지 물어보려면 听懂了吗？ 또는 明白了吗？라고 합니다.

Unit 13 기쁨과 칭찬의 표현

매우 기쁩니다.
我真高兴。
Wǒ zhēn gāoxìng.
워 쩐 까오싱.

오늘 참 즐거웠습니다.
今天真愉快。
Jīntiān zhēn yúkuài.
찐티엔 쩐 위콰이.

기분이 정말 좋아요.
我真是太开心了。
Wǒ zhēn shì tài kāixīn le.
워 쩐 스 타이 카이신 러.

당신 정말 멋져요!
你真棒!
Nǐ zhēn bàng!
니 쩐 빵!

당신 정말 대단하세요!
你真了不起啊!
Nǐ zhēn liǎo bu qǐ a!
니 쩐 리아오 부 치 아!

정말 능력 있으세요.
你真能干!
Nǐ zhēn nénggàn!
니 쩐 넝깐!

못하는 게 없으시군요.
你真是无所不能啊。
Nǐ zhēn shì wú suǒ bù néng a.
니쩐스 우수어뿌넝아.

Part 1. 회화의 기초를 다지는 기본표현

A : 你汉语说得真流利。
Nǐ Hànyǔ shuō de zhēn liúlì.
니 한위 쉬^ㄹ 더 쩐 리우리.

B : 哪儿啊,还差得远呢。
Nǎr a, hái chà de yuǎn ne.
나알 아, 하이 차^ㄹ 더 위엔 너.

A : 你太谦虚了。
Nǐ tài qiānxū le.
니 타이 치엔쉬 러.

A : 중국어 참 잘하시네요.
B : 아닙니다. 많이 부족한걸요.
A : 너무 겸손하세요.

哪里哪里

상대방의 칭찬에 대해 겸양의 뜻으로 하는 말입니다. '어디'가 아니라 '천만에요, 별말씀을요'라고 해석할 수 있습니다. 비슷한 표현으로 哪儿的话, 哪儿啊 등이 있습니다. 외국인이 중국어로 이야기하면 으레 칭찬이 이어지는데 그럴 때 哪里哪里, 还差得远呢라고 대답합니다. '별말씀을요, 아직 많이 부족합니다'의 뜻입니다.

Unit 14 슬픔·위로할 때

정말 안 됐군요.
真可惜。
Zhēn kěxī.
쩐 크어시.

정말 유감입니다.
真遗憾。
Zhēn yíhàn.
쩐 이한.

너무 상심하지 마세요.
你别太伤心了。
Nǐ bié tài shāngxīn le.
니 비에 타이 샹신 러.

그건 당신 탓이 아닙니다.
那不是你的错。
Nà bú shì nǐ de cuò.
나 부 스 니 더 추어.

힘내세요.
加油。
Jiāyóu.
찌아여우.

걱정할 필요 없어요.
你不用担心。
Nǐ bú yòng dānxīn.
니 부 용 딴신.

앞으로 좋은 일이 있을 거예요.
今后一定会有好运。
Jīnhòu yídìng huì yǒu hǎoyùn.
찐허우 이띵 후에이 여우 하오윈.

A : 你别太失望了。
Nǐ bié tài shīwàng le.
니 비에 타이 승왕 러.

B : 你别担心我。我没关系。
Nǐ bié dānxīn wǒ. wǒ méi guānxi.
니 비에 딴신 워. 워 메이 꾸안시.

A : 下次一定会成功的。
Xiàcì yídìng huì chénggōng de.
시아츠 이띵 후에이 쳥ᆼ꽁 더.

A : 너무 실망하지 말아요.
B : 걱정하지 말아요. 난 괜찮아요.
A : 다음에는 꼭 성공할 거예요.

还可以

중국인들이 자주 쓰는 표현으로 '괜찮다' 라는 뜻입니다. 하지만 자신의 의견을 완곡하게 말하는 중국인의 특성을 생각할 때 还可以라는 말은 상황에 따라 '생각보다 별로' 라는 뜻일 수도 있습니다. 예를 들어 '한국음식 맛이 어때요?' 라고 물었을 때 还可以라고 대답했다면 '괜찮다' 는 뜻일 수도 있지만 '그저 그래요, 별로에요' 라는 대답일 수도 있습니다.

Unit 15 불만스러울 때

정말 귀찮아.
真讨厌。
Zhēn táoyàn.
쩐 타오이엔.

열 받게 하는군.
气死我了。
Qìsǐ wǒ le.
치 쓰 워 러.

화내지 말아요.
请你别生气。
Qǐng nǐ bié shēngqì.
칭 니 비에 셩치.

정말 못 참겠어요.
我可真受不了。
Wǒ kě zhēn shòu bu liǎo.
워 크어 쩐 셔우 부 리아오.

또 시작이야.
又来了。
Yòu lái le.
여우 라이 러.

됐어, 이제 그만해.
够了，别再说了。
Gòu le, bié zài shuō le.
꺼우 러, 비에 짜이 수어 러.

나한테 무슨 불만이라도 있어요?
你对我有什么不满吗？
Nǐ duì wǒ yǒu shénme bùmǎn ma?
니 뚜에이 워 여우 션머 뿌만 마?

Part 1. 회화의 기초를 다지는 기본표현

A : 我劝你少抽点儿烟吧。
Wǒ quàn nǐ shǎo chōu diǎnr yān ba.
워 취엔 니 샤오 초°우 디알 이엔 바.

B : 哎呀，又来了。
āiyā, yòu lái le.
아이야, 여우 라이 러.

A : 我真讨厌烟味儿。
Wǒ zhēn tǎoyàn yānwèir.
워 쩐° 타오이엔 이엔웤.

A : 내가 충고하는데 담배 끊으세요.
B : 아이고, 또 시작이네.
A : 담배 냄새가 정말 싫다고요.

儿化韵

중국의 북방어 특히 베이징을 중심으로 발음 끝에 '儿'을 붙이는 경향이 있습니다. 예를 들어 '괜찮다'는 뜻의 没事[méishì]를 끝에 儿을 더하여 没事儿[méishir]로 말하는 것입니다. 그런데 앞에 온 말이 饭馆[fànguǎn]처럼 [n] 발음으로 끝나면 이 [n] 발음이 탈락하고 [fànguǎr]로 변합니다.

Unit 16 찬성할 때

네, 알겠습니다.
好，知道了。
Hǎo, zhīdao le.
하오, 쯔다오 러.

찬성입니다.
我赞成。
Wǒ zànchéng.
워 짠청.

당신 의견에 전적으로 동의합니다.
我完全同意你的意见。
Wǒ wánquán tóngyì nǐ de yìjiàn.
워 완추엔 퉁이 니 더 이찌엔.

정말 좋은 생각이네요.
真是个好主意啊！
Zhēn shì ge hǎo zhǔyi a.
쩐 스 거 하오 주이 아.

제 생각도 당신과 같아요.
我的想法也和你一样。
Wǒ de xiǎngfǎ yě hé nǐ yíyàng.
워 더 시앙파 이에 흐어 니 이양.

그럼 그렇게 합시다.
那就这么办吧！
Nà jiù zhème bàn bā
나 찌우 쩌머 빤 바!

편한 대로 하세요.
随你便。
Suí nǐ biàn.
쑤에이 니 삐엔.

Part 1. 회화의 기초를 다지는 기본표현

A : 你看我的计划怎么样?
Nǐ kàn wǒ de jìhuà zěnmeyàng?
니 칸 워 더 찌후아 전머양?

B : 我觉得很好。我赞成你的看法。
Wǒ jué de hěn hǎo. wǒ zànchéng nǐ de kànfa.
워 쥐에 더 흐언 하오. 워 짠청° 니 더 칸파.

A : 谢谢你支持我。
Xièxie nǐ zhīchí wǒ.
시에시에 니 즈°츠° 워.

A : 제 계획을 어떻게 보십니까?
B : 훌륭하다고 생각합니다. 당신의 견해에 찬성합니다.
A : 지지해 줘서 고맙습니다.

怎么样

怎么样은 '어떤가요?'라는 뜻의 의문사로 많이 쓰입니다. 我的计划怎么样?이라고 하면 '내 계획이 어떤가요?'라고 상대방의 견해를 묻는 표현입니다. 또 상대방의 의향을 묻거나 제안할 때도 쓰입니다. '주말에 영화 보러 가면 어때요?'라고 하려면 周末一起去看电影,怎么样?이라고 합니다. 반면 부정을 나타내는 不와 함께 쓰이면 '보통이다, 별로 좋지 않다'의 의미입니다. 我的汉语说得不怎么样이라고 하면 '난 중국어를 잘 못해요'라고 해석할 수 있습니다.

Unit 17 반대할 때

저는 반대입니다.
我反对。
Wǒ fǎnduì.
워 판뚜에이.

당신의 생각에 동의할 수 없습니다.
我不同意你的看法。
Wǒ bù tóngyì nǐ de kànfǎ.
워 뿌 통이 니 더 칸파.

약간 곤란합니다.
这有些困难。
Zhè yǒu xiē kùnnán.
쩌°여우 시에 쿤난.

좀 문제가 있네요.
有点儿问题。
Yǒu diǎnr wèntí.
여우 디알 원티.

아마도 안 될 겁니다.
恐怕不行。
Kǒngpà bù xíng.
콩파 뿌 싱.

나는 당신과 생각이 다릅니다.
我和你的看法不一样。
Wǒ hé nǐ de kànfǎ bù yíyàng.
워 흐어 니 더 칸파 뿌 이양.

제 뜻을 잘 이해하지 못한 것 같군요.
你好像不明白我的意思。
Nǐ hǎoxiàng bù míngbái wǒ de yìsi.
니 하오시앙 뿌 밍바이 우 더 이쓰.

Part 1. 회화의 기초를 다지는 기본표현

A : 我不能赞成你的计划。
Wǒ bù néng zànchéng nǐ de jìhuà.
워 뿌 넝 짠청 니 더 찌후아.

B : 还有什么问题吗?
Hái yǒu shénme wèntí ma?
하이 여우 션머 원티 마?

A : 我们回去商量后再告诉你。
Wǒmen huíqu shāngliáng hòu zài gàosu nǐ.
워먼 후에이취 샹리앙 허우 짜이 까오쑤 니.

A : 당신의 계획에 찬성할 수 없습니다.
B : 또 무슨 문제라도 있나요?
A : 저희가 돌아가서 상의한 후 다시 알려드리죠.

💬

有点儿과 一点儿

有点儿과 一点儿은 모두 '조금, 약간'이라는 뜻이지만 쓰임새가 다릅니다. 一点儿은 서술어 뒤에 쓰여 정도가 경미하거나 양이 적음을 나타내지만 有点儿은 서술어 앞에서 상황이 만족스럽지 못하거나 여의치 않은 것을 나타냅니다. 예를 들어 这件衣服有点儿贵,便宜一点儿吧라고 하면 '이 옷은 약간 비싼 것 같으니 조금 깎아주세요'의 뜻입니다.

Unit 18 거절할 때

저로서는 받아들이기 어렵군요.
我很难接受。
Wǒ hěn nán jiēshòu.
워 흐언 난 지에셔우.

정말 불가능합니다.
实在是不可能的。
Shízài shì bù kěnéng de.
스짜이 스 뿌 크어넝 더.

당신들의 요구가 약간 지나칩니다.
你们的要求有点儿过分。
Nǐmen de yāoqiú yǒu diǎnr guòfèn.
니먼 더 야오치우 여우 디알 꾸어펀.

생각 좀 해보겠습니다.
让我考虑考虑。
Ràng wǒ kǎolǜ kǎolǜ.
랑 워 카오뤼 카오뤼.

서로 조금씩 양보하도록 하죠.
双方各让一步吧。
Shuāngfāng gè ràng yí bù ba.
수앙팡 끄어 랑 이 뿌 바.

무슨 좋은 제안이 있습니까?
你有什么好的建议吗?
Nǐ yǒu shénme hǎo de jiànyì ma?
니 여우 션머 하오 더 찌엔이 마?

내일 알려 드려도 되겠습니까?
明天告诉你, 好吗?
Míngtiān gàosu nǐ, hǎo ma?
밍티엔 까오쑤 니, 하오 마?

Part 1. 회화의 기초를 다지는 기본표현

A : 你们的要求太过分了。
Nǐmen de yāoqiú tài guòfèn le.
니먼 더 야오치우 타이 꾸어펀 러.

B : 我们也没办法，请原谅。
Wǒmen yě méi bànfǎ, qǐng yuánliàng.
워먼 이에 메이 빤파, 칭 위엔리앙.

A : 对不起，我们不能接受。
Duì bu qǐ, wǒmen bù néng jiēshòu.
뚜에이 부 치, 워먼 뿌 넝 찌에서우.

A : 당신들 요구가 너무 지나칩니다.
B : 우리도 어쩔 수 없습니다. 양해해주세요.
A : 미안합니다. 저흰 받아들일 수 없습니다.

💬

시간을 내다.

누군가 식사에 초대하거나 모임에 참여하기를 권유했는데 다른 일이 있어서 거절해야 할 때는 먼저 真可惜啊(정말 안타깝네요), 真遗憾(유감입니다만)이라고 유감을 표시할 수 있습니다. 그리고 '일이 바빠서 시간을 낼 수 없네요'라고 하려면 工作太忙, 抽不出时间了라고 합니다. 抽는 '꺼내다, 뽑다'의 뜻으로 '시간을 내다'는 抽出时间이라고 합니다.

47

Unit 19 질문할 때

당신은 한국인인가요?
你是韩国人吗?
Nǐ shì Hánguórén ma?
니 스 한구어런 마?

이것은 롱징차인가요?
这是不是龙井茶?
Zhè shì bu shì lóngjǐngchá?
쩌 스 부 스 롱징차?

그가 한 말은 무슨 뜻이죠?
他说的话是什么意思?
Tā shuō de huà shì shénme yìsi?
타 수어 더 후아 스 션머 이쓰?

당신은 언제 중국에 오셨나요?
你什么时候来中国的?
Nǐ shénme shíhou lái Zhōngguó de?
니 션머 스허우 라이 쫑구어 더?

이것은 누구 것입니까?
这是谁的?
Zhè shì shéi de?
쩌 스 셰이 더?

지금 우리 어디 갑니까?
现在我们去哪儿?
Xiànzài wǒmen qù nǎr?
시엔짜이 워먼 취 나알?

당신 이름은 어떻게 쓰나요?
你的名字怎么写?
Nǐ de míngzi zěnme xiě?
니 더 밍즈 전머 시에?

48

Part 1. 회화의 기초를 다지는 기본표현

A : 我可以问一下吗?
Wǒ kěyǐ wèn yí xià ma?
워 크어이 원 이 시아 마?

B : 可以，你想问什么?
Kěyǐ, nǐ xiǎng wèn shénme?
크어이, 니 시앙 원 션머?

A : 北京什么时候最漂亮?
Běijīng shénme shíhou zuì piàoliang?
베이징 션머 스허우 쭈에이 피아오리앙?

A : 질문해도 됩니까?
B : 하세요, 뭡니까?
A : 베이징은 언제 가장 아름다운가요?

여러 가지 의문사

几 '몇' 이란 뜻으로 10 이하의 적은 수를 물어보는 표현
你几岁? 너는 몇 살이니?

多少 '얼마' 란 뜻으로 10 이상의 수를 물어보는 말
你要多少? 얼마나 드릴까요?

哪儿 '어디' 의 뜻으로 장소를 묻는 의문사
你住在哪儿? 어디 사세요?

谁 '누구' 라는 뜻의 의문사, 哪位라고 하기도 함
您是哪位? 누구십니까?

什么 '무엇' 이란 뜻의 의문사
他在写什么? 그는 무엇을 쓰고 있나요?

怎么 '어떻게, 왜' 행위나 동작의 방법, 이유를 묻는 말
你怎么来的? 어떻게 오셨어요?

Unit 20 긍정할 때

그렇습니다.
是的。
Shì de.
스더.

맞습니다.
没错。
Méicuò.
메이추어.

저도 그렇게 생각합니다.
我也这么想。
Wǒ yě zhème xiǎng.
워 이에 쩌머 시앙.

일리 있는 말씀입니다.
你说得有道理。
Nǐ shuō de yǒu dàoli.
니 수어 더 여우 따오리.

네, 그래요.
对，是这样。
Duì, shì zhèyàng.
뚜에이, 스 쩌양.

누가 아니래요.
可不是嘛。
Kěbushì ma.
크어부스 마.

그렇긴 하죠.
说得也是。
Shuō de yě shì.
수어 더 이에 스.

Part 1. 회화의 기초를 다지는 기본표현

A : 请问，你是从韩国来的李先生吗？
Qǐngwèn, nǐ shì cóng Hánguó lái de Lǐ xiānshēng ma?
칭원, 니 스˘ 총 한구어 라이 더 리 시엔셩˘ 마?

B : 是的。
Shì de.
스˘ 더.

A : 你好，欢迎你到中国来。
Nǐ hǎo, huānyíng nǐ dào Zhōngguó lái.
니 하오, 후안잉 니 따오 종˘구어 라이.

A : 말씀 좀 여쭙겠습니다. 한국에서 오신 이선생이신가요?
B : 네.
A : 안녕하세요, 중국에 오신 것을 환영합니다.

긍정의 응답

우리말로 '네'라고 대답해야 할 때 사전적인 의미만 떠올리면 是라고 말하게 됩니다. 실제로 중국어를 배우는 한국 학생들 가운데 是를 필요 이상 많이 쓰는 경향이 많습니다. 긍정의 뜻으로 '네, 그래요'라고 대답하려면 감탄사 嗯만 쓸 수도 있고 好, 好的, 是的, 对, 可以를 적절하게 쓸 수 있습니다.

Unit 21 부정할 때

아니오.
不是。
Búshì.
부스̀.

그렇지 않습니다.
不是那样的。
Búshì nàyàng de.
부스̀ 나양 더.

그건 안 됩니다.
那可不行。
Nà kě bù xíng.
나 크어 뿌 싱.

아니오, 다릅니다.
不，不一样。
Bù, bù yíyàng.
뿌, 뿌 이양.

그다지 좋은 것 같지 않습니다.
我觉得不怎么样。
Wǒ jué de bù zěnmeyàng.
워 쥐에 더 뿌 전머양.

제 생각에 틀린 것 같습니다.
我觉得不对。
Wǒ jué de bú duì.
워 쥐에 더 부 뚜에이.

그럴 리가요.
不会吧。
Bú huì ba.
부 후에이 바.

Part 1. 회화의 기초를 다지는 기본표현

A : 我们下班后去喝一杯怎么样?
Wǒmen xiàbān hòu qù hē yì bēi zěnmeyàng?
워먼 시아빤 허우 취 흐어 이 뻬이 전머양?

B : 不行，晚上约了人吃饭。
Bù xíng, wǎnshang yuē le rén chī fàn.
뿌 싱, 완샹° 위에 러 런° 츠° 판.

A : 那太可惜了。
Nà tài kěxī le.
나 타이 크어시 러.

A : 우리 퇴근 후 한잔하는 거 어때?
B : 안 돼, 저녁약속이 있어.
A : 그것 참 아깝군.

부정의 응답 不와 没有

不와 没有는 모두 부정을 나타내는데 약간 차이점이 있습니다. 우선 没有는 不의 과거형으로 과거에 일어난 일을 부정할 때 가장 많이 쓰입니다. '아침 드셨어요?'라고 묻는 말 你吃早饭了吗?에 대해 긍정형은 吃了입니다. 이 말을 부정하면 没有吃가 됩니다. 즉 不를 没有로 바꾸고 완료를 나타내는 조사 了를 생략합니다. 이때 有를 생략하고 没吃라고 해도 됩니다. 그런데 我不吃早饭이라고 하면 '나는 아침을 안 먹어요'라는 뜻으로 주관적인 의지가 들어간 표현이 됩니다.

Chinese Conversation for Beginners

Part 2

회화의
감각을 살리는
패턴 73

Unit 01 아는 사람을 우연히 만났을 때

시아오황, 외출해요?

小黄，你出去呀？
Xiǎohuáng, nǐ chūqu ya?
시아오후앙, 니 추취 야?

* 出去 나가다, 외출하다

무슨 일로 가세요?

你干嘛去啊？
Nǐ gànmá qù a?
니 깐마 취 아?

* 干嘛 왜, 무엇 때문에 (为什么보다 구어체의 표현)

이런! 우리 또 만났네요.

唷！我们又见面了。
Yo! wǒmen yòu jiànmiàn le.
요! 워먼 여우 찌엔미엔 러.

* 唷 앗, 아니 (놀라거나 의문이 생겼을 때의 감탄사)

오늘 날씨 좋네요!

今天天气不错啊！
Jīntiān tiānqì búcuò a!
찐티엔 티엔치 부추어 아!

잘 지내셨어요?

你好吗？
Nǐ hǎo ma?
니 하오 마?

* 你好吗? 안부를 묻는 뜻이 포함된 인사말이다.

건강은 어떠세요?

觉得身体怎么样?
Jué de shēntǐ zěnmeyàng?
쥐에 더 션티 전머양?

A : 金先生，你好。
Jīn xiānsheng, nǐ hǎo.
찐 시엔셩, 니 하오.

B : 哟，王先生好，你要出去啊?
Yo, Wáng xiānsheng hǎo, nǐ yào chūqu a?
요, 왕 시엔셩 하오, 니 야오 추취 아?

A : 嗯，有点儿事。你挺忙的吧。
Ng, yǒu diǎnr shì. nǐ tǐng máng de ba.
으엉, 여우 디알 스. 니 팅 망 더 바.

B : 还好，还好。
Hái hǎo, hái hǎo.
하이 하오, 하이 하오.

A : 김선생님, 안녕하세요.
B : 아, 왕선생님 안녕하세요, 외출하세요?
A : 네, 일이 있어서요. 많이 바쁘시죠?
B : 괜찮습니다.

Unit 02 모르는 사람에게 말을 걸 때

왜 그러세요?

你怎么了？

Nǐ zěnme le?
니 전머 러?

제가 도와드릴까요?

我来帮你好不好？

Wǒ lái bāng nǐ hǎo bu hǎo?
워 라이 빵 니 하오 부 하오?

* 帮+사람 : ~을 도와주다.

미안하지만 잠시 물어봐도 되겠습니까?

劳驾，可以向你打听一下吗？

Láojià, kěyǐ xiàng nǐ dǎtīng yí xià ma?
라오찌아, 크어이 시앙 니 다팅 이 시아 마?

말씀 좀 여쭐게요, 지금 몇 시죠?

请问，现在几点？

Qǐng wèn, xiànzài jǐ diǎn?
칭 원, 시엔짜이 지 디엔?

번거로우시겠지만 잠깐 도와주시겠어요?

麻烦你帮一下忙好吗？

Máfan nǐ bāng yí xià máng hǎo ma?
마판 니 빵 이 시아 망 하오 마?

선생님, 물건이 떨어졌어요.

先生，东西掉了。
Xiānsheng, dōngxi diào le.
시엔셩, 똥시 띠아오 러.

A : 请问，这里是营业部吗？
Qǐng wèn, zhèli shì yíngyèbù ma?
칭 원, 쩌리 스 잉이에뿌 마?

B : 是的。你有什么事？
Shì de. nǐ yǒu shénme shì?
스 더, 니 여우 션머 스?

A : 我姓刘，想见总经理。
Wǒ xìng liú, xiǎng jiàn zǒngjīnglǐ.
워 싱 리우, 시앙 찌엔 종찡리.

B : 请进。
Qǐng jìn.
칭 찐.

A : 말씀 좀 여쭐게요, 여기가 영업부인가요?
B : 네, 무슨 일로 오셨나요?
A : 제 성은 리우인데 사장님을 뵙고 싶습니다.
B : 들어오세요.

Unit 03 집에 초대할 때

일요일에 우리 집에 오세요.

星期天到我家来做客吧。
Xīngqītiān dào wǒ jiā lái zuòkè ba.
싱치티엔 따오 워 찌아 라이 쭈어크어 바.

* 做客 방문하다, 손님이 되다.

우리 집에 잠시 들렀다가세요.

到我家坐一会儿吧。
Dào wǒ jiā zuò yí huìr ba.
따오 워 찌아 쭈어 이 후얼 바.

내일 모임이 있으니 놀러 오세요.

明天有聚会，请你来玩。
Míngtiān yǒu jùhuì, qǐng nǐ lái wán.
밍티엔 여우 쮜후에이, 칭 니 라이 완.

가는 길에 내가 있는 곳에 들렀다 가세요.

顺便到我那里坐坐吧。
Shùnbiàn dào wǒ nàli zuòzuo ba.
순삐엔 따오 워 나리 쭈어쭈어 바.

* 顺便 ~하는 김에

언제 시간 나면 놀러 오세요.

什么时候有空，请来玩儿吧。
Shénme shíhou yǒu kòng, qǐng lái wánr ba.
션머 스허우 여우 콩, 칭 라이 왈 바.

저희 새집으로 이사했어요, 시간 나면 건너오세요.

我们搬了新家，有空请过来吧。
Wǒmen bān le xīnjiā, yǒu kòng qǐng guòlai ba.

워먼 빤 러 신찌아, 여우 콩 칭 꾸어라이 바.

*搬家 이사하다.

A : 到我家坐一会儿吧。
Dào wǒjiā zuò yí huìr ba.
따오 워 지아 쭈어 이 후얼 바.

B : 时间不早了。
Shíjiān bù zǎo le.
스찌엔 뿌 자오 러.

A : 没关系，来喝杯茶吧。
Méi guānxi, lái hē bēi chá ba.
메이 꾸안시, 라이 흐어 뻬이 챠* 바.

B : 那就打扰你了。
Nà jiù dǎrǎo nǐ le.
나 찌우 다라*오 니 러.

A : 저희 집에 잠깐 들르시죠.
B : 시간이 늦었어요.
A : 괜찮습니다. 와서 차 한 잔 드세요.
B : 그러면 실례하겠습니다.

Unit 04 손님을 맞이할 때

오셨어요, 어서 오세요.

你来了，欢迎欢迎。
Nǐ lái le, huānyíng huānyíng.
니 라이 러, 후안잉 후안잉.

어서 오십시오!

欢迎光临！
Huānyíng guānglín!
후안잉 꾸앙린!

어서 들어오세요.

快请进。
Kuài qǐng jìn.
쿠아이 칭 찐.

어서 오세요! 기다리고 있었습니다.

欢迎！我正等着你呢。
Huānyíng! wǒ zhèng děng zhe nǐ ne.
후안잉! 워 쩡 덩 저 니 너.

* 着 동사 뒤에서 동작이나 상태의 지속을 나타내는 동태조사

들어오세요, 오신 것을 환영합니다!

请进，欢迎您的光临！
Qǐng jìn, huānyíng nín de guānglín!
칭 찐, 후안잉 닌 더 꾸앙린!

이제 오세요, 한참동안 기다렸어요.

你才来啊，等你好半天了。

Nǐ cái lái a, děng nǐ hǎo bàntiān le.

니 차이 라이 아, 덩 니 하오 빤티엔 러.

　＊半天 한나절, 한참 동안

A : 金先生在吗?

Jīn xiānsheng zài ma?

찐 시엔셩 짜이 마?

B : 请进，欢迎您的光临!

Qǐng jìn, huānyíng nín de guānglín!

칭 찐, 후안잉 닌 더 꾸앙린!

A : 我来晚了，让你久等了。

Wǒ lái wǎn le ràng nǐ jiǔ děng le.

워 라이 완 러, 량 니 지우 덩 러.

B : 哪里的话，你来得正好。

Nǎli de huà, nǐ lái de zhèng hǎo.

나리 더 후아, 니 라이 더 쩡 하오.

哪里
① 어디, 어느 곳
② 천만에요, 별말씀을

A : 김선생님 계신가요?
B : 들어오세요, 방문을 환영합니다!
A : 제가 늦었습니다. 오래 기다리셨죠.
B : 아닙니다. 딱 맞게 오셨습니다.

Unit 05 손님께 권하는 말

저희 집에서는 편히 계셔도 됩니다.

到我们家不用客气。

Dào wǒmen jiā bú yòng kèqi.

따오 워먼 찌아 부 용 크어치.

* 客气 예의 바르다, 사양하다.

너무 어려워하지 마세요.

请不要客气。

Qǐng bú yào kèqi.

칭 부 야오 크어치.

날씨가 더운데 겉옷은 벗어요.

天气热，请把外套脱了吧。

Tiānqì rè, qǐng bǎ wàitào tuō le ba.

티엔치 르어, 칭 바 와이타오 투어 러 바.

* 外套 외투

편하게 앉으세요

请随便坐。

Qǐng suíbiàn zuò

칭 쑤에이삐엔 쭈어.

* 随便 마음대로, 자유롭게

격식 차리지 말고 편하게 하세요.

不要客气，请随便一点吧。

Bú yào kèqi, qǐng suíbiàn yì diǎn ba.

부 야오 크어치, 칭 쑤에이삐엔 이 디엔 바.

덥나요? 옷도 편하게 하고 계세요.

热不热？宽宽衣，轻松点儿吧。
Rè bu rè? kuānkuanyī, qīngsōng diǎnr ba
르어 부 르어? 쿠안쿠안이, 칭쏭 디알 바

* 轻松 수월하다, 마음이 가볍다.

A : 都是熟人，随便点儿吧。
Dōu shì shúrén, suíbiàn diǎnr ba.
떠우 스 수런, 쑤에이삐엔 디알 바.

> 把
> 목적어를 동사 앞으로 가져와 특정한 사물의 처리를 강조하는 구문을 만들어줌.

B : 好，谢谢！
Hǎo, xièxie!
하오, 시에시에!

A : 如果热的话，就把上衣脱了吧。
Rúguǒ rè de huà, jiù bǎ shàngyī tuō le ba.
루구어 르어 더 후아, 찌우 바 샹이 투어 러 바.

B : 好，那我就不客气了。
Hǎo, nà wǒ jiù bú kèqi le.
하오, 나 워 찌우 부 크어치 러.

A : 모두 친한 사람들이니 편하게 계세요.
B : 네, 고맙습니다.
A : 더우면 윗옷은 벗으세요.
B : 네, 그러면 실례하겠습니다.

Unit 06 손님께 음료를 권할 때

우롱차입니다. 드셔보세요!

这是乌龙茶，请用吧！
Zhè shì wūlóngchá, qǐng yòng ba!
쩌 스 우롱차, 칭 용 바!

*请用 드세요. 请吃 혹은 请喝의 높임말

무엇을 드시겠어요?

您喝什么？
Nín hē shénme?
닌 흐어 션머?

어떤 차를 좋아하세요?

你喜欢喝什么茶？
Nǐ xǐhuan hē shénme chá?
니 시후안 흐어 션머 차?

자, 차 한잔 마시고 잠시 쉬세요.

来，喝杯茶，休息一会儿。
Lái, hē bēi chá, xiūxi yí huìr.
라이, 흐어 뻬이 차, 시우시 이 후얼.

맥주 마시면 어때요?

喝点儿啤酒怎么样？
Hē diǎnr píjiǔ zěnmeyàng?
흐어 디알 피지우 전머양?

*点儿 조금, 약간(一点儿에서 '一'를 생략한 형태)

따뜻한 걸로 드릴까요, 시원한 걸로 드릴까요?

你要喝热的还是凉的？
Nǐ yào hē rè de háishì liáng de
니 야오 흐어 르어 더 하이스 리앙 더?

A : 你喝点儿什么饮料吗？
Nǐ hē diǎnr shénme yǐnliào ma?
니 흐어 디알 션머 인리아오 마?

B : 好，我有点儿渴了。有凉的吗？
Hǎo, wǒ yǒu diǎnr kě le. yǒu liáng de ma?
하오, 워 여우 디알 크어 러. 여우 리앙 더 마?

> 渴
> 목이 타다

A : 啤酒和果汁，你喜欢哪一种？
Píjiǔ hé guǒzhī, nǐ xǐhuān nǎ yì zhǒng?
피지우 흐어 구어즈, 니 시후안 나 이 종?

B : 那，我喝果汁吧。
Nà, wǒ hē guǒzhī ba.
나, 워 흐어 구어즈 바.

A : 음료수 드시겠어요?
B : 네, 약간 목이 타네요. 시원한 것 있나요?
A : 맥주하고 주스가 있어요. 어떤 것이 좋으세요?
B : 그러면 주스 마실게요.

Unit 07 손님께 음식을 권할 때

자, 사양하지 마세요.
来，请不要客气。
Lái, qǐng bú yào kèqi.
라이, 칭 부야오 크어치.

뜨거울 때 드세요!
请趁热吃吧！
Qǐng chèn rè chī ba!
칭 천° 르어 츠° 바!

* 趁 ~한 때를 틈타서, 이용해서

드세요, 사양하지 마시고.
请用，别客气。
Qǐng yòng, bié kèqi.
칭 용, 비에 크어치.

* 别는 不要와 같이 '~하지 마세요'의 뜻이다.

마음껏 드세요.
请尽量吃吧。
Qǐng jìnliàng chī ba.
칭 찐리앙 츠° 바.

* 尽量 양껏, 최대한

중국음식이 입에 맞으세요?
中国菜合你的胃口吗？
Zhōngguócài hé nǐ de wèikǒu ma?
쫑구어차이 흐어 니 더 웨이커우 마?

* 合 ~ 胃口 입맛에 맞다.

못 드시겠으면 남겨도 괜찮아요.

吃不惯，剩下没关系。
Chī bu guàn shèng xià méiguānxi
츠˚ 부 꾸안, 셩˚ 시아 메이 꾸안시.

* 吃不惯 (습관이 안 되어) 먹지 못하다. 음식이 낯설어 먹지 못할 때 쓰는 표현.

A : 这道菜很好吃，你尝尝看。
Zhè dào cài hěn hǎochī, nǐ chángchang kàn.
쩌˚ 따오 차이 흐언 하오츠,˚ 니 챵챵 칸.

B : 我吃了，非常好吃。
Wǒ chī le, fēicháng hǎo chī.
워 츠˚ 러, 페이챵 하오츠.˚

A : 那么，请多吃一点。
Nàme, qǐng duō chī yì diǎn.
나머, 칭 뚜어 츠˚ 이 디엔.

B : 谢谢，我已经吃得不少了。
Xièxie, wǒ yǐjīng chī de bù shǎo le.
시에시에, 워 이찡 츠˚ 더 뿌 샤오 러.

A : 이 요리가 맛있어요. 드셔보세요.
B : 먹었습니다. 아주 맛있네요.
A : 그러면 더 드세요.
B : 고맙습니다. 벌써 많이 먹었는걸요.

Unit 08 자리에서 일어날 때

저는 가보겠습니다.

我要告辞了。

Wǒ yào gàocí le.
워 야오 까오츠 러.

* 告辞 작별을 고하다.

시간이 늦었으니 가보겠습니다.

时间不早了，我该走了。

Shíjiān bù zǎo le, wǒ gāi zǒu le.
스찌엔 뿌 자오 러, 워 까이 저우 러.

* 该 ~해야 한다.

폐가 많았습니다.

麻烦你了。

Máfan nǐ le.
마판니 러.

* 麻烦 귀찮게 하다, 폐를 끼치다

배려해주셔서 감사드립니다.

多谢你的关照。

Duō xiè nǐ de guānzhào.
뚜어 시에 니 더 꾸안짜오.

* 关照 돌보다, 관심을 갖다

오늘 즐거웠습니다.

今天过得很愉快。

Jīntiān guò de hěn yúkuài.
찐티엔 꾸어 더 흐언 위쿠아이.

성대한 환대에 감사드립니다.

谢谢您的热情款待。
Xièxie nín de rèqíng kuǎndài.
시에시에 닌 더 르헝칭 쿠안따이.

*热情款待 환대하다, 친절하게 대접하다.

A : 时间已不早了,我该走了。
Shíjiān yǐ bù zǎo le, wǒ gāi zǒu le.
스찌엔 이 뿌 자오 러, 워 까이 저우 러.

B : 还早呢,再坐一会儿吧。
Hái zǎo ne, zài zuò yí huir ba.
하이 자오 너, 짜이 쭈어 이 후얼 바.

A : 不了,太打扰你了。
Bù le, tài dǎrǎo nǐ le.
뿌 러, 타이 다라오 니 러.

B : 哪里的话,请常常来玩儿吧。
Nǎli de huà, qǐng chángcháng lái wánr ba.
나리 더 후아, 칭 챵챵 라이 와알 바.

A : 시간이 늦었네요. 이만 가보겠습니다.
B : 아직 이른데요. 조금 더 계시다 가세요.
A : 아닙니다. 너무 오래 방해했습니다.
B : 천만에요. 자주 놀러오세요.

Unit 09 손님을 배웅할 때

가시는 길이 순조롭길 빕니다!

祝你一路顺风!
Zhù nǐ yílùshùnfēng!
쭈 니 이루순펑!

* 祝 축원하다, 축하하다.

조심해서 가세요!

路上请多小心!
Lù shang qǐng duō xiǎoxīn!
루 샹 칭 뚜어 시아오신!

* 小心 조심하다.

또 오십시오!

欢迎你再来!
Huānyíng nǐ zài lái!
후안잉 니 짜이 라이!

건강 조심하세요!

请多注意身体!
Qǐng duō zhùyì shēntǐ.
칭 뚜어 쭈이 션티.

가족들에게 안부 전해주세요.

请向您家里人问好。
Qǐng xiàng nín jiālirén wèn hǎo.
칭 시양 닌 찌아리런 원 하오.

* 向 ~ 问好 ~에게 안부를 전하다.

모두에게 안부 전해주세요!

请向大家问好!
Qǐng xiàng dàjiā wèn hǎo!
칭 시앙 따찌아 원 하오!

A : 那我走了。
Nà wǒ zǒu le.
나 워 저우 러.

B : 祝你一路平安!
Zhù nǐ yílùpíng'ān!
쭈 니 이루핑안!

A : 谢谢你特地来送我。
Xièxie nǐ tèdì lái sòng wǒ.
시에시에 니 트어띠 라이 쏭 워.

> 送
> 배웅하다, 전송하다

B : 欢迎你再来, 再见!
Huānyíng nǐ zài lái, zàijiàn!
후안잉 니 짜이 라이, 짜이찌엔!

A : 이만 가보겠습니다.
B : 편안한 여행 되세요!
A : 배웅해주셔서 감사합니다.
B : 또 오세요, 안녕히 가세요!

Unit 10 일을 대신 처리할 때

이 일은 제게 맡겨주십시오.

这件事就交给我办吧。

Zhè jiàn shì jiù jiāogei wǒ bàn ba.

쩌° 찌엔 스° 찌우 찌아오게이 워 빤 바.

* 交给 ~에게 넘기다, 맡기다.

제가 도와드릴게요!

我来帮忙吧!

Wǒ lái bāngmáng ba!

워 라이 빵망 바!

* 帮忙 일을 돕다.

신경 쓰지 마세요, 제가 할게요.

您不用管, 我来做。

Nín bú yòng guǎn, wǒ lái zuò.

닌 부 용 구안, 워 라이 쭈어.

제가 괜찮다고 생각하시면 제게 맡겨주세요.

如果你觉得我行, 就让我来做吧。

Rúguǒ nǐ jué de wǒ xíng, jiù ràng wǒ lái zuò ba.

루°구어 니 쥐에 더 워 싱, 찌우 랑° 워 라이 쭈어 바.

* 让 ~로 하여금 ~하도록 시키다. 스스로 어떤 일을 자원할 때 겸양의 뜻을 표현한다.

이 일은 매우 익숙하니 제가 하겠습니다.

这工作我很熟, 让我来做吧。

Zhè gōngzuò wǒ hěn shú, ràng wǒ lái zuò ba.

쩌° 꽁쭈어 워 흐언 수°, 랑° 워 라이 쭈어 바.

네, 문제 없어요, 제게 맡겨주세요.

好，没问题，包在我身上了。

Hǎo, méi wèntí, bāo zài wǒ shēnshang le.

하오, 메이 원티, 빠오 짜이 워 션상 러.

A : 这件事怎么办呢?
Zhè jiàn shì zěnmebàn ne?
쩌 찌엔 스 전머빤 너?

B : 让我来做吧。
Ràng wǒ lái zuò ba.
랑 워 라이 쭈어 바.

A : 好，那就拜托你了。
Hǎo, nà jiù bàituō nǐ le.
하오, 나 찌우 빠이투어 니 러.

> 拜托
> 부탁하다

B : 没问题，交给我吧。
Méi wèntí, jiāogei wǒ ba.
메이 원티, 찌아오게이 워 바.

A : 이 일은 어떻게 할까요?
B : 제가 하겠습니다.
A : 좋아요, 그럼 부탁할게요.
B : 문제없어요, 제게 맡겨주세요.

Unit 11 자리를 권할 때

이쪽으로 앉으세요!
请坐这里吧!
Qǐng zuò zhèlǐ ba!
칭 쭈어 쩌리 바!

안쪽으로 앉으시죠.
请坐里边吧。
Qǐng zuò lǐbian ba.
칭 쭈어 리비엔 바.

상석으로 앉으세요.
请坐上座吧。
Qǐng zuò shàngzuò ba.
칭 쭈어 샹쭈어 바.

*上座 상석

여기 빈자리가 있으니 앉으세요!
这里有空位,请坐吧!
Zhèlǐ yǒu kòngwèi, qǐng zuò ba!
쩌리 여우 콩웨이, 칭 쭈어 바!

*空位 공석, 빈자리

앞 테이블에 앉으세요.
请到前面一桌坐。
Qǐng dào qiánmiàn yì zhuō zuò.
칭 따오 치엔미엔 이 쭈어 쭈어.

*桌 탁자, 테이블.

지정된 자리가 없으니 편한 자리에 앉으세요.

没有指定位子，请随便坐。
Méi yǒu zhǐdìng wèizi, qǐng suíbiàn zuò.
메이 여우 즈띵 웨이즈, 칭 쑤에이삐엔 쭈어.

*位子 자리, 좌석

A : 你来了，大家正等着你呢。
Nǐ lái le, dàjiā zhèng děng zhe nǐ ne.
니 라이 러, 따찌아 쩡 덩 저 니 너.

B : 来晚了，对不起。
Lái wǎn le, duì bu qǐ.
라이 완 러, 뚜에이 부 치.

A : 请随便坐。
Qǐng suíbiàn zuò.
칭 쑤에이삐엔 쭈어.

B : 好。
Hǎo.
하오.

A : 오셨군요, 모두 기다리고 있었어요.
B : 늦어서 미안합니다.
A : 편한 자리에 앉으세요.
B : 네.

Unit 12 선물을 전할 때

제 작은 성의니 받아주세요.

这是我的一点心意，请收下吧。
Zhè shì wǒ de yì diǎn xīnyì, qǐng shōuxià ba.
쩌˚스˚ 워 더 이 디엔 신이, 칭 셔우시아 바.

*心意 마음, 성의

제 작은 마음입니다.

这是一点儿小意思。
Zhè shì yì diǎnr xiǎo yìsi.
쩌˚스˚ 이 디알 시아오 이쓰.

*意思 뜻, 성의

작은 선물입니다, 받아주세요.

这是一些小礼物，请收下吧。
zhè shì yì xiē xiǎo lǐwù, qǐng shōuxià ba.
쩌˚스˚ 이 시에 시아오 리우, 칭 셔우시아 바.

드리겠습니다, 기념으로 삼아 주십시오.

送给您，请留做纪念吧。
Sòng gěi nín, qǐng liú zuò jìniàn ba.
쏭 게이 니, 칭 리우 쭈어 찌니엔 바.

*纪念 기념하다

회사에서 드리는 기념품을 받아주세요.

这是公司送的纪念品，请收下吧。
Zhè shì gōngsī sòng de jìniànpǐn, qǐng shōuxià ba.
쩌˚스˚ 꽁쓰 쏭 더 찌니엔핀, 칭 셔우시아 바.

우리나라 특산물이니 받아주세요.

这是我国的特产，请收下吧。
Zhè shì wǒguó de tèchǎn, qǐng shōuxià ba.
쩌 스 워구어 더 트어찬, 칭 셔우시아 바.

*特产 특산물

A : 这是新式玩具，给孩子玩吧。
Zhè shì xīn shì wánjù, gěi háizi wán ba.
쩌 스 신 스 완쮜, 게이 하이즈 완 바.

B : 让你破费，真不好意思。
Ràng nǐ pòfeì, zhēn bùhǎoyisi.
랑 니 포어페이, 쩐 뿌하오이쓰.

破费
금전상의 폐를 끼치다,
돈을 쓰다

A : 这没什么，请收下吧。
Zhè méi shénme, qǐng shōuxià ba.
쩌 메이 선머, 칭 셔우시아 바.

没什么
아무 것도 아니다,
별 것 아니다

B : 那太谢谢你了。
Nà tài xièxie nǐ le.
나 타이 시에시에 니 러.

A : 새로운 장난감이에요, 아이에게 주세요.
B : 폐를 끼쳐 미안합니다.
A : 대단한 것은 아니에요, 받아주세요.
B : 정말 고맙습니다.

Unit 13 다른 사람의 계획을 물을 때

내일 시간 있으세요?
明天有时间吗?
Míngtiān yǒu shíjiān ma?
밍티엔 여우 스찌엔 마?

오후에 뭐하세요?
下午要做什么?
Xiàwǔ yào zuò shénme?
시아우 야오 쭈어 션머?

오후 스케줄이 어떻게 되죠?
你下午怎么安排?
Nǐ xiàwǔ zěnme ānpái?
니 시아우 전머 안파이?

*安排 안배하다, 처리하다.

내일 시간 있으세요?
明天有空吗?
Míngtiān yǒu kòng ma?
밍티엔 여우 콩 마?

일요일은 어떻게 보내실 생각이세요?
你星期天打算怎么过?
Nǐ xīngqītiān dǎsuan zěnme guò?
니 싱치티엔 다쑤안 전머 꾸어?

*打算 ~할 생각이다.

다음 주에 어떤 계획이 있나요?

下星期有什么计划?
Xiàxīngqī yǒu shénme jìhuà?
시아싱치 여우 션머 찌후아?

A : 你明天做什么?
　　Nǐ míngtiān zuò shénme?
　　니 밍티엔 쭈어 션머?

B : 我打算去看朋友。
　　Wǒ dǎsuan qù kàn péngyou.
　　워 다쑤안 취 칸 펑여우.

A : 那后天晚上有什么事吗?
　　Nà hòutiān wǎnshang yǒu shénme shì ma?
　　나 호우티엔 완샹 여우 션머 스 마?

B : 没什么事,我在家里。
　　Méi shénme shì, wǒ zài jiā li.
　　메이 션머 스, 워 짜이 찌아 리.

A : 내일 뭐하세요?
B : 친구를 만나러 갈 생각이에요.
A : 그러면 모레 저녁에 다른 일 있으세요?
B : 별다른 일은 없어요, 집에 있을 겁니다.

Unit 14 약속 시간을 정할 때

저녁 때 언제가 편하세요?

晚上什么时候方便？

Wǎnshang shénme shíhou fāngbiàn?

완샹 션'머 스'허우 팡'삐엔?

* 方便 편리하다.

제가 언제 찾아가면 좋을까요?

我什么时候去你那儿好呢？

Wǒ shénme shíhou qù nǐ nàr hǎo ne?

워 션'머 스'허우 취 니 나알 하오 너?

* 你那儿 인칭대명사가 장소목적어로 쓰일 때 那儿 혹은 这儿을 덧붙인다.

언제가 비교적 편하세요?

你什么时候比较方便？

Nǐ shénme shíhou bǐjiào fāngbiàn?

니 션'머 스'허우 비찌아오 팡'삐엔?

오후 2시에 찾아뵈면 될까요?

下午2点去拜访你，可以吗？

Xiàwǔ liǎng diǎn qù bàifǎng nǐ, kěyǐ ma?

시아우 리앙 디엔 취 빠이팡 니, 크어이 마?

제가 6시에나 도착할 수 있는데 괜찮으세요?

我6点才能到，可以吗？

Wǒ liù diǎn cái néng dào, kěyǐ ma?

워 리우 디엔 차이 넝 따오, 크어이 마?

괜찮으시면 8시에 찾아뵙고 싶습니다.

如果你方便，我想8点到你那儿去。

Rúguǒ nǐ fāngbiàn, wǒ xiǎng bā diǎn dào nǐ nàr qù.

루°구어 니 팡'삐엔, 워 시앙 빠 디엔 따오 니 나알 취.

* 如果 만일 ~라면

A : 我想到你们公司拜访你。
　　Wǒ xiǎng dào nǐmen gōngsī bàifǎng nǐ.
　　워 시앙 따오 니먼 꽁쓰 빠이팡 니.

B : 那太好了。
　　Nà tài hǎo le.
　　나 타이 하오 러.

A : 我什么时候去好呢?
　　Wǒ shénme shíhou qù hǎo ne?
　　워 션'머 스'허우 취 하오 너?

B : 这几天我都在办公室，什么时候都行。
　　Zhè jǐ tiān wǒ dōu zài bàngōngshì, shénme shíhou dōu xíng.
　　쩌 지 티엔 워 떠우 짜이 빤꽁스°, 션'머 스°허우 또우 싱.

　　A : 회사로 찾아가 뵙고 싶은데요.
　　B : 잘됐군요.
　　A : 제가 언제 가면 좋을까요?
　　B : 요 며칠 계속 사무실에 있으니 언제든 좋습니다.

Unit 15 약속하기 편한 시간을 물을 때

다음 주 일요일은 가능한가요?
下星期天可以吗?
Xiàxīngqītiān kěyǐ ma?
시아싱치티엔 크어이 마?

어느 곳이 편하세요?
什么地方方便?
Shénme dìfāng fāngbiàn?
션'머 띠팡' 팡'삐엔?

불편하신 점이 있으신가요?
有什么不方便吗?
Yǒu shénme bù fāngbiàn ma?
여우 션'머 뿌 팡'삐엔 마?

이렇게 정하면 괜찮으세요?
这样安排, 对您合适吗?
Zhèyàng ānpái, duì nín héshì ma?
쩌'양 안파이, 뚜에이 닌 흐어스' 마?

시간을 내실 수 없으신가요?
你抽不出时间吗?
Nǐ chōu bu chū shíjiān ma?
니 처'우 부 추' 스'찌엔 마?

*抽出时间 시간을 내다.

84

괜찮으시면 3시로 정하죠.

如果无妨就定在3点吧。

Rúguǒ wúfáng jiù dìng zài sān diǎn ba.

루'구어 우팡' 찌우 띵 짜이 싼 디엔' 바.

* 无妨 무방하다, 지장 없다.

A : 今天想和你见个面,不知道什么时候方便?
　　 Jīntiān xiǎng hé nǐ jiàn ge miàn, bù zhīdao shénme shíhou fāngbiàn?
　　 찐티엔 시'앙 흐어 니 찌엔 거 미엔, 뿌 쯔'다오 션'머 스'허우 팡'삐엔?

B : 对不起! 今天我已经排满了。
　　 Duì bu qǐ! jīntiān wǒ yǐjīng páimǎn le.
　　 뚜에이 부 치! 찐티엔 워 이징 파이만 러.

> 见个面
> 见面은 '동사+목적어'로 구성된 단어이기 때문에 양사가 가운데 온다.

A : 那么,什么时候合适呢?
　　 Nàme, shénme shíhou héshì ne?
　　 나머, 션'머 스'허우 흐어스' 너?

B : 我明天上午有空,请过来吧。
　　 Wǒ míngtiān shàngwǔ yǒu kòng, qǐng guòlái ba.
　　 워 밍티엔 샹'우 여우 콩, 칭 꾸'어라이 바.

　　 A : 오늘 뵙고 싶은데 언제가 편하실지 모르겠습니다.
　　 B : 미안합니다! 오늘은 제가 일정이 모두 찼습니다.
　　 A : 그러면 언제가 좋으시겠어요?
　　 B : 내일 오전에 시간이 있으니 건너오시죠.

Unit 16 직장을 물어볼 때

어느 업종에 종사하시는지요?

不知道您是从事哪一行的?
Bù zhīdao nín shì cóngshì nǎ yì háng de?
뿌 쯔다오 닌 스\` 총스\` 나 이 항 더?

어느 직장에서 근무하세요?

你在哪个单位工作?
Nǐ zài nǎ ge dānwèi gōngzuò?
니 짜이 나 거 딴웨이 꽁쭈어?

* 单位 기관이나 단체

어느 부서에서 일하세요?

你在哪个部门工作?
Nǐ zài nǎ ge bùmén gōngzuò?
니 짜이 나 거 뿌먼 꽁쭈어?

어떤 사업을 하시나요?

您做什么生意?
Nín zuò shénme shēngyi?
닌 쭈어 션\`머 셩이?

* 做生意 장사하다, 사업하다.

직장인이세요, 아니면 학생이세요?

你在上班还是在上学?
Nǐ zài shànbān háishì zài shàngxué?
니 짜이 샹반 하이스\` 짜이 샹쉬에?

* 上班 출근하다.

다니는 직장이 어디인가요?

你是什么单位的?
Nǐ shì shénme dānwèi de?
니 스 션머 딴웨이 더?

A : 你在哪儿工作?
Nǐ zài nǎr gōngzuò?
니 짜이 나알 꽁쭈어?

B : 我在公司上班。
Wǒ zài gōngsī shàngbān.
워 짜이 꽁쓰 상빤.

A : 你在公司哪个部门工作?
Ní zài gōngsī nǎ ge bùmén gōngzuò?
니 짜이 꽁쓰 나 거 뿌먼 꽁쭈어?

B : 我在推销部工作。
Wǒ zài tuīxiāobù gōngzuò.
워 짜이 투웨이시아오뿌 꽁쭈어.

A : 어디에서 일하세요?
B : 저는 회사원입니다.
A : 회사에서는 어느 부서에서 일하세요?
B : 마케팅부에서 일합니다.

Unit 17 고향을 물어볼 때

고향이 어디인가요?
你的家乡在哪里？
Nǐ de jiāxiāng zài nǎli?
니 더 찌아시앙 짜이 나리?

본가가 어느 곳인가요?
你老家在什么地方？
Nǐ lǎojiā zài shénme dìfāng?
니 라오찌아 짜이 션머 띠팡?

본적이 어디입니까?
你的籍贯是什么地方？
Nǐ de jíguàn shì shénme dìfāng?
니 더 지꾸안 스 션머 띠팡?

어느 지방에서 태어났나요?
你是什么地方出生的？
Nǐ shì shénme dìfāng chūshēng de?
니 스 션머 띠팡 추셩 더?

어디에서 자라셨어요?
你在哪里长大的？
Nǐ zài nǎli zhǎngdà de?
니 짜이 나리 쟝따 더?

어디에서 오셨어요?(어디 분이세요?)

你是从哪儿来的?
Nǐ shì cóng nǎr lái de?
니 스̇ 총 나알 라이 더?

* 是 ~ 的 이미 발생한 사실을 강조하는 표현.

A: 你是韩国人吗?
Nǐ shì hánguórén ma?
니 스̇ 한구어런̇ 마?

B: 是的, 我是韩国人。
Shìde wǒ shì hánguórén.
스̇더, 워 스̇ 한구어런̇.

A: 你故乡在哪儿?
Nǐ gùxiāng zài nǎr?
니 꾸시앙 짜이 나알?

B: 我是釜山人。
Wǒ shì fǔshānrén.
워 스̇ 푸̇샨̇ 런̇.

> 지명+人
> 출신지를 말할 때 쓰는 표현.
> ~ 사람.

A : 한국인이세요?
B : 네, 저는 한국인이에요.
A : 고향이 어디신가요?
B : 저는 부산사람이에요.

Unit 18 가족을 물어볼 때

가족은 누가 계시죠?

你家里有些什么人？

Nǐ jiāli yǒu xiē shénme rén?
니 찌아리 여우 시에 션'머 런'?

가족이 몇 분이세요?

你家有几口人？

Nǐ jiā yǒu jǐ kǒu rén?
니 찌아 여우 지 커우 런'?

형제자매는 몇이세요?

有几个兄弟姐妹？

Yǒu jǐ ge xiōngdì jiěmèi?
여우 지 거 시옹띠 지에메이?

형님은(오빠는) 결혼하셨나요?

你哥哥结婚了吗？

Nǐ gēge jiéhūn le ma?
니 끄어그어 지에훈 러 마?

* 哥哥 ① 형 ② 오빠

여자형제가 있으세요?

你有姐妹吗？

Nǐ yǒu jiěmèi ma?
니 여우 지에메이 마?

아이는 몇이세요?

你有几个孩子?
Nǐ yǒu jǐ ge háizi?
니 여우 지 거 하이즈?

A : 你家有几口人?
Nǐ jiā yǒu jǐ kǒu rén?
니 찌아 여우 지 커우 런?

B : 一共5口人。
Yígòng wǔ kǒu rén.
이꿍 우 커우 런.

> 一共 모두

A : 有没有兄弟?
Yǒu méi yǒu xiōngdì?
여우 메이 여우 시옹띠?

B : 有一个姐姐和一个弟弟。
Yǒu yí ge jiějie hé yí ge dìdi.
여우 이 거 지에지에 흐어 이 거 띠디.

> 姐姐
> ① 누나 ② 언니

A : 가족이 몇 명인가요?
B : 모두 다섯 명이요.
A : 남자형제도 있나요?
B : 누나(언니) 한명과 남동생이 하나 있어요.

Unit 19 의미를 확인할 때

말씀하신 뜻이 ……?
您是说……?
Nín shì shuō……?
닌 스 수어……?

죄송한데, 방금 뭐라고 하셨죠?
对不起, 你刚才说什么?
Duì bu qǐ, nǐ gāngcái shuō shénme?
뚜에이 부 치, 니 깡차이 수어 션머?

찬성한다는 뜻 맞죠?
您的意思是赞成, 是吧?
Nín de yìsi shì zànchéng, shì ba?
닌 더 이쓰 스 짠청, 스 바?

말씀하신 뜻이 무슨 의미인가요?
您说的是什么意思?
Nín shuō de shì shénme yìsi?
닌 수어 더 스 션머 이쓰?

무슨 말씀이신지 잘 모르겠군요.
我不明白你说的是什么意思。
Wǒ bù míngbái nǐ shuō de shì shénme yìsi.
워 뿌 밍바이 니 수어 더 스 션머 이쓰.

Part 2. 회화의 감각을 살리는 패턴 73

제가 잘못들은 것이 아니라면 동의하시는군요!

如果我没听错的话，您是同意了吧！
Rúguǒ wǒ méi tīngcuò de huà, nín shì tóngyì le ba!
루구어 워 메이 팅추어 더 후아, 닌 스 퉁이 러 바!

A : 您是说，可以参加，是吧？
Nín shì shuō, kěyǐ cānjiā, shì ba?
닌 스 수어, 크어이 찬찌아, 스 바?

B : 是的，没错。
Shìde, méi cuò
스더, 메이 추어.

> 讲话
> 이야기하다,
> 발언하다

A : 而且，还可以讲几句话，对吧？
érqiě, hái kěyǐ jiǎng jǐ jù huà, duì ba?
얼치에, 하이 크어이 지앙 지 쥐 후아, 뚜에이 바?

B : 对，如果需要的话。
Duì, rúguǒ xūyào de huà.
뚜에이, 루구어 쉬야오 더 후아.

A : 참석하실 수 있다고 하셨죠?
B : 네, 맞아요.
A : 게다가, 인사말씀도 하실 수 있고요, 맞죠?
B : 네, 필요하면요.

Unit 20 반문할 때

방금 뭐라고 하셨죠?

刚才你说什么?

Gāngcái nǐ shuō shénme?

깡차이 니 수ㅇ어 선ㄹ머?

* 刚才 방금, 지금 막

죄송합니다, 잘 못 들었습니다.

对不起，我没听清楚。

Duì bu qǐ, wǒ méi tīng qīngchu.

뚜에이 부 치, 워 메이 팅 칭추ㅇ.

말씀하신 뜻을 이해하지 못했습니다.

我不明白你说什么。

Wǒ bù míngbái nǐ shuō shénme.

워 뿌 밍바이 니 수ㅇ어 선ㄹ머.

잠시만요, 말씀하시는 뜻을 아직 잘 모르겠어요.

请等一下，我还不明白你的意思。

Qǐng děng yí xià, wǒ hái bù míngbái nǐ de yìsi.

칭 덩 이 시아, 워 하이 뿌 밍바이 니 더 이쓰.

미안한데요, 다시 한 번 말씀해주세요.

对不起，请再说一遍。

Duìbuqǐ, qǐng zài shuō yí biàn.

뚜에이부치, 칭 짜이 수ㅇ어 이 삐엔.

* 一遍 (처음부터 끝까지) 한 번.

잘 모르겠어요, 다시 한 번 말해주시겠어요?

我不太清楚，能不能再说一遍？

Wǒ bú tài qīngchu, néng bu néng zài shuō yí biàn?

워 부 타이 칭추, 넝 뿌 넝 짜이 수̄어 이 삐엔?

A : 您说什么?
Nín shuō shénme?
닌 수̄어 션머?

B : 我说坐KTX回去。
Wǒ shuō zuò KTX huíqu.
워 수̄어 쭈어 KTX 후에이취.

A : "KTX"是什么?
KTX shì shénme?
KTX 스̀ 션머?

B : 我说坐高速列车回去。
Wǒ shuō zuò gāosùlièchē huíqu.
워 수̄어 쭈어 까오쑤리에처̄ 후에이취.

A : 뭐라고 하셨죠?
B : KTX를 타고 간다고 했어요.
A : KTX가 뭔가요?
B : 고속열차를 타고 간다고요.

Unit 21 이해했는지 확인할 때

알겠습니까?

你听懂了吗?

Nǐ tīng dǒng le ma?

니 팅 둥 러 마?

*听懂 알아듣다. 결과보어 懂은 '이해했다'는 뜻.

잘 들으셨어요?

你听清楚了吗?

Nǐ tīng qīngchu le ma?

니 팅 칭추° 러 마?

*清楚 분명하다, 명확하다.

잘 모르는 부분이 있으신가요?

有什么地方不清楚吗?

Yǒu shénme dìfang bù qīngchu ma?

여우 션°머 띠팡' 뿌 칭추° 마?

또 다른 질문 있나요?

还有什么问题吗?

Hái yǒu shénme wèntí ma?

하이 여우 션°머 원티 마?

다시 한 번 말씀드릴까요?

需要再讲一遍吗?

Xūyào zài jiǎng yí biàn ma

쉬야오 짜이 지앙 이 삐엔 마?

충분히 이해하셨어요?

你完全明白了吗?
Nǐ wánquán míngbái le ma?
니 완추엔 밍바이 러 마?

A : 刚才我讲的, 都听懂了吗?
　　Gāngcái wǒ jiǎng de, dōu tīng dǒng le ma?
　　깡차이 워 지앙 더, 떠우 팅 동 러 마?

B : 大概的意思懂了。
　　Dàgài de yìsi dǒng le.
　　따까이 더 이쓰 동 러.

> 大概
> ① 대략, 대충
> ② 아마도

A : 要不要再讲一遍?
　　Yào bu yào zài jiǎng yí biàn?
　　야오 부 야오 짜이 지앙 이 삐엔?

B : 不用了。
　　Búyòng le.
　　부용 러.

A : 방금 제가 말씀드린 것 모두 이해하셨나요?
B : 대략적인 의미는 알겠어요.
A : 다시 한 번 말씀드릴까요?
B : 아니에요.

Unit 22 상대방의 의견을 확인할 때

다른 의견 있으신가요?

有什么不同的意见吗?

Yǒu shénme bù tóng de yìjiàn ma?

여우 션머 뿌 퉁 더 이찌엔 마?

*意见 의견, 불만

건의할 사항이 더 있으십니까?

你还有什么建议吗?

Nǐ hái yǒu shénme jiànyì ma?

니 하이 여우 션머 찌엔이 마?

이 문제에 대해 어떤 견해를 갖고 계신가요?

对这个问题, 你有什么看法?

Duì zhè ge wèntí, nǐ yǒu shénme kànfǎ?

뚜에이 쩌 거 원티, 니 여우 션머 칸파?

문제가 있으면 제기해주세요.

有什么问题请提出来。

Yǒu shénme wèntí qǐng tí chūlai.

여우 션머 원티 칭 티 추라이.

이렇게 하면 어떻습니까?

这样做, 你觉得怎么样?

Zhèyàng zuò, nǐ jué de zěnmeyàng?

쩌양 쭈어, 니 쥐에 더 전머양?

*觉得 ~라고 생각하다.

이러한 현상에 대해 어떻게 생각하시나요?

对这种现象，你有什么看法呢？
Duì zhè zhǒng xiànxiàng, nǐ yǒu shénme kànfǎ ne?

뚜에이 쩌 종 시엔시앙, 니 여우 션머 칸파 너?

A : 这样做，你看行吗？
Zhèyàng zuò, nǐ kàn xíng ma?
쩌양 쭈어, 니 칸 싱 마?

B : 我没什么意见。
Wǒ méi shénme yìjiàn.
워 메이 션머 이찌엔.

A : 那就这样决定吧。
Nà jiù zhèyàng juédìng ba.
나 찌우 쩌양 쥐에띵 바.

B : 好，可以。
Hǎo, kěyǐ.
하오, 크어이.

A : 이렇게 하면 될까요?
B : 별다른 의견은 없습니다.
A : 그러면 이렇게 결정하죠.
B : 네, 그러세요.

Unit 23 취미를 물어볼 때

어떤 분야에 관심이 있으신가요?

您对什么感兴趣?

Nín duì shénme gǎn xìngqù?
닌 뚜에이 션머 간 싱취?

* 对 ~感兴趣 ~에 대해 흥미가 있다. 관심을 갖다.

음악에 흥미가 있으신가요?

你对音乐有兴趣吗?

Nǐ duì yīnyuè yǒu xìngqù ma?
니 뚜에이 인위에 여우 싱취 마?

여행은 좋아하세요?

你喜欢旅行吗?

Nǐ xǐhuan lǚxíng ma?
니 시후안 뤼싱 마?

* 喜欢 좋아하다.

한가할 때 어떤 일을 즐겨 하세요?

空闲的时候,你喜欢做什么?

Kòngxián de shíhou, nǐ xǐhuan zuò shénme?
콩시엔 더 스'허우, 니 시후안 쭈어 션머?

그는 취미가 많아요.

他有很多爱好。

Tā yǒu hěn duō àihào.
타 여우 흐언 뚜어 아이하오.

저는 마작에 관심이 없습니다.

我对麻将没有兴趣。

Wǒ duì májiàng méi yǒu xìngqù.

워 뚜에이 마찌앙 메이 여우 싱취.

A : 你的爱好是什么？
Nǐ de àihào shì shénme?
니 더 아이하오 스 션머?

B : 我喜欢看书。
Wǒ xǐhuān kàn shū.
워 시후안 칸 슈.

> 除了
> ~以外 ~이외에,
> ~을 제외하고

A : 除了阅读以外，还有什么吗？
Chú le yuèdú yǐwài, hái yǒu shénme ma?
추 러 위에두 이와이, 하이 여우 션머 마?

B : 我还喜欢下棋。
Wǒ hái xǐhuan xiàqí.
워 하이 시후안 시아치.

A : 취미가 뭔가요?
B : 책 읽기를 좋아합니다.
A : 독서 말고 또 다른 것은요?
B : 바둑도 좋아합니다.

Unit 24 원인을 물어볼 때

도대체 왜 그래요?

到底怎么了？
Dàodǐ zěnme le?
따오디 전머 러?

왜 안 됩니까?

为什么不行呢？
Wèishénme bù xíng ne?
웨이션머 뿌 싱 너?

어떤 이유인지 설명해주세요.

请说明一下是什么原因。
Qǐng shuōmíng yí xià shì shénme yuányīn.
칭 수어밍 이 시아 스 션머 위엔인.

왜 잘못됐죠?

为什么弄错了？
Wèishénme nòngcuò le?
웨이션머 농추어 러?

* 弄错 실수하다, 잘못하다.

어째서 저를 만나러 오지 않나요?

为什么不来看我呢？
Wèishénme bù lái kàn wǒ ne?
웨이션머 뿌 라이 칸 워 너?

도저히 모르겠습니다.

我怎么也搞不清楚。
Wǒ zěnme yě gǎo bu qīngchu.
워 전머 이에 가오 부 칭추.

A : 他怎么还没来?
Tā zěnme hái méi lái?
타 전머 하이 메이 라이?

B : 我不知道是怎么回事。
Wǒ bù zhīdao shì zěnme huíshì.
워 뿌 쯔다오 스 전머 후에이스.

A : 也许是弄错时间了吧。
Yěxǔ shì nòngcuò shíjiān le ba.
이에쉬 스 눙추어 스찌엔 러 바.

B : 不会吧, 我说得很清楚。
Bú huì ba, wǒ shuō de hěn qīngchu.
부 후에이 바, 워 수어 더 흐언 칭추.

A : 그 사람은 왜 아직 안 오는 거죠?
B : 어찌된 일인지 저도 모르겠어요.
A : 시간을 잘 못 아는 것은 아닐까요?
B : 그럴 리가요, 제가 분명히 말했어요.

Unit 25 상대방이 생각나지 않을 때

제가 보기에 낯이 익네요.

我看你很面熟。
Wǒ kàn nǐ hěn miànshú.
워 칸 니 흐언 미엔수².

* 面熟 낯이 익다.

저를 아세요?

你认识我吗？
Nǐ rènshi wǒ ma?
니 런⁵ 워 마?

* 认识 알다. 사람을 사귀거나 길을 가봐서 아는 것을 말한다.

우리 어디선가 만났던 것 같아요.

我们好像在哪里见过面。
Wǒmen hǎoxiàng zài nǎli jiàn guo miàn?
워먼 하오시앙 짜이 나리 찌엔 궈 미엔?

* 동사 + 过 과거의 경험을 나타내는 표현.

제가 아는 분인 것 같습니다.

我好像认识你。
Wǒ hǎoxiàng rènshi ni.
워 하오시앙 런⁵ 니.

* 好像 마치 ~인 것 같다.

저를 기억하시겠어요?

你还记得我吗？
Nǐ hái jìde wǒ ma?
니 하이 찌 더 워 마?

* 记得 기억하다.

작년 여름에 우리 베이징에서 만났었죠.

我记得去年夏天我们在北京见过。
Wǒ jìde qùnián xiàtiān wǒmen zài Běijīng jiàn guo.
워 찌 더 취니엔 시아티엔 워먼 짜이 베이징 찌엔 궈.

A : 我们好像在哪里见过面?
Wǒmen hǎoxiàng zài nǎli jiàn guo miàn.
워먼 하오시앙 짜이 나리 찌엔 궈 미엔.

B : 我也觉得你很面熟。
Wǒ yě juéde nǐ hěn miànshú.
워 이에 쮜에 더 니 흐언 미엔수.

> 对了
> 맞다, 그렇다. 갑자기
> 생각났을 때 사용하는 표현

A : 啊! 对了, 您是不是郑先生?
a! duì le, nín shì bu shì Zhèng xiānsheng?
아! 뚜에이러, 닌 스 부 스 쩡 시엔성?

B : 对! 啊, 我也想起来了, 您是王老师。
Duì! a, wǒ yě xiǎng qǐlai le, nín shì Wáng lǎoshī.
뚜에이! 아, 워 이에 시앙 치라이 러, 닌 스 왕 라오스.

A : 우리 어디선가 만났던 것 같은데요.
B : 저도 낯이 익은 것 같습니다.
A : 아! 맞아요, 정선생님 아니세요?
B : 맞습니다. 아! 저도 생각났어요, 왕선생님이시군요.

> 想起来 생각나다.
> 부정형은 想不起来

Unit 26 상황이 안 좋을 때

오늘은 정말 이상해요.
今天真有点儿奇怪。
Jīntiān zhēn yǒu diǎnr qíguài.
찐티엔 쪈' 여우 디알 치꾸아이.

*奇怪 이상하다.

오늘은 평소와 다르네요.
今天跟平时不一样。
Jīntiān gēn píngshí bù yíyàng.
찐티엔 끄언 핑스' 뿌 이양.

*跟 ~ 一样 ~와 같다. 부정은 跟 ~ 不一样.

제가 오늘 조금 바쁘네요.
我今天有点儿紧张。
Wǒ jīntiān yǒu diǎnr jǐnzhāng.
워 찐티엔 여우 디알 진장'.

*紧张 ① 긴장하다. 불안하다. ② 바쁘다. ③ 부족하다.

내가 오늘 도대체 왜 이러지?
我今天到底怎么了?
Wǒ jīntiān dàodǐ zěnme le?
워 찐티엔 따오디 전머 러?

당신 오늘 왜 그래요?
你今天是怎么啦?
Nǐ jīntiān shì zěnme la?
니 찐티엔 스' 전머 라?

오늘 그 사람이 약간 이상한 것 같아요.

我觉得今天他有点儿不对劲。
Wǒ juéde jīntiān tā yǒu diǎnr búduìjìn.
워 쥐에더 찐티엔 타 여우 디알 부뚜에이찐.

* 不对劲 이상하다, 정상이 아니다.

A : 你今天到底怎么啦?
　　Nǐ jīntiān dàodǐ zěnme la?
　　니 찐티엔 따오디 전머 라?

B : 我今天有点儿反常。
　　Wǒ jīntiān yǒu diǎnr fǎncháng.
　　워 찐티엔 여우디알 판챵.

A : 是不是太累了?
　　Shì bu shì tài lèi le?
　　스 부 스 타이 레이 러?

B : 从早上就不顺。
　　Cóng zǎoshang jiù búshùn.
　　총 자오샹 찌우 부슌.

A : 당신 오늘 대체 왜 그래요?
B : 오늘 좀 이상해요.
A : 너무 피곤한 것 아니에요?
B : 아침부터 잘 안 풀리네요.

Unit 27 길을 물어볼 때

제가 안내할게요, 절 따라 오세요.

我带你去，请跟我来。
Wǒ dài nǐ qù, qǐng gēn wǒ lái.
워 따이 니 취, 칭 끄언 워 라이.

제가 약도를 그려드릴게요.

我给你画个地图吧。
Wǒ gěi nǐ huà ge dìtú ba.
워 게이 니 후아 거 띠투 바.

저 신호등 쪽에 있어요.

在红绿灯那边。
Zài hónglǜdēng nàbiān.
짜이 훙뤼떵 나삐엔.

저 건물 옆에 있습니다.

就在那个大楼的旁边。
Jiù zài nà ge dàlóu de pángbiān.
찌우 짜이 나 거 따러우 더 팡삐엔.

오른쪽으로 돌아서 계속 앞으로 가면 됩니다.

往右拐，一直往前走就到了。
Wǎng yòu guǎi, yìzhí wǎng qián zǒu jiù dào le.
왕 여우 구아이, 이즈 왕 치엔 저우 찌우 따오 러.

두 번째 4거리에서 우회전하면 도착합니다.

走到第二个十字路口往左拐就到了。

Zǒu dào dì èr ge shízilùkǒu wǎng zuǒ guǎi jiù dào le.

저우 따오 띠 얼 거 스쯔루커우 왕 주어 구아이 찌우 따오 러.

A : **从地铁站到你家怎么走?**
Cóng dìtiězhàn dào nǐ jiā zěnmezǒu?
총 띠티에짠 따오 니 찌아 전머저우?

B : **走出检票口，顺着坡道走到头儿就到了。**
Zǒu chū jiǎnpiàokǒu, shùnzhe pōdào zǒu dào tóur jiù dào le.
저우 추 지엔피아오커우, 슌져 포어따오 저우 따오 터우얼 찌우 따오 러.

A : **附近有什么好认的标志吗?**
Fùjìn yǒu shénme hǎorèn de biāozhì ma?
푸찐 여우 션머 하오런 더 비아오쯔 마?

B : **有个超市。**
Yǒu ge chāoshì.
여우 거 챠오스.

A : 지하철역에서 댁까지 어떻게 가죠?
B : 개찰구를 나와 비탈길을 따라 끝까지 오면 되요.
A : 근처에 알아보기 쉬운 곳이 있나요?
B : 마트가 있어요.

Unit 28 교통편을 알려줄 때

저와 함께 타세요.

你跟我一起上车吧。
Nǐ gēn wǒ yìqǐ shàngchē ba.
니 끄언 워 이치 샹쳐 바.

지하철이나 버스 모두 갑니다.

坐地铁或公共汽车都可以到。
Zuò dìtiě huò gōnggòngqìchē dōu kěyǐ dào.
쭈어 띠티에 후어 꽁꽁치쳐 떠우 크어이 따오.

311번 버스를 타세요.

请坐311路车吧。
Qǐng zuò sān yāo yāo lù chē ba.
칭 쭈어 싼 야오 야오 루 쳐 바.

* 전화번호나 방 호수에 쓰이는 숫자 1은 yāo로 발음한다.

치엔먼 정류장을 지나는 버스는 모두 그곳에 갑니다.

经过前门车站的车都可以到那里。
Jīngguò Qiánmén chēzhàn de chē dōu kěyǐ dào nàli.
찡꾸어 치엔먼 쳐짠 더 쳐 떠우 크어이 따오 나리.

* 经过 경유하다, 거치다.

세 번째 정류장에서 내리세요.

在第三站下车。
Zài dì sān zhàn xiàchē.
짜이 띠 싼 짠 시아쳐.

Part 2. 회화의 감각을 살리는 패턴 73

36번 버스를 타고 치엔먼에서 갈아타세요.

坐36路公共汽车到前门站换车。

Zuò sān liù lù gōnggòngqìchē dào Qiánménzhàn huànchē.

쭈어 싼 리우 루 꽁꽁치쳐 따오 치엔먼짠 후안쳐.

*换车 환승하다, 倒车라고도 한다.

A : 请问你, 坐地铁能到爱宝乐园吗?
　　Qǐngwèn nǐ, zuò dìtiě néng dào Àibǎolèyuán ma?
　　칭 원 니, 쭈어 띠티에 넝 따오 아이바오르어위엔 마?

B : 地铁不到爱宝乐园。
　　Dìtiě bú dào Àibǎolèyuán.
　　띠티에 부 따오 아이바오르어위엔.

A : 那么, 坐什么车呢?
　　Nàme, zuò shénme chē ne?
　　나머, 쭈어 션머 쳐 너?

B : 坐公共汽车, 走, 我带你去公共汽车站。
　　Zuò gōnggòngqìchē, zǒu, wǒ dài nǐ qù gōnggòngqìchēzhàn.
　　쭈어 꽁꽁치쳐, 저우, 워 따이 니 취 꽁꽁치쳐짠.

A : 말씀 좀 여쭐게요. 지하철을 타면 에버랜드에 가나요?
B : 지하철은 에버랜드에 가지 않습니다.
A : 그러면 어떤 차를 타야 하나요?
B : 버스를 타세요. 자, 버스정류장까지 데려다줄게요.

Unit 29 먼저 자리에서 일어나야 할 때

미안합니다, 먼저 실례하겠습니다.

抱歉，我先失陪了。
Bàoqiàn, wǒ xiān shīpéi le.
빠오치엔, 워 시엔 스ᵖ페이 러.

말씀 나누세요, 저는 일이 있어 먼저 가보겠습니다.

你们聊，我有点事，要先走了。
Nǐmen liáo, wǒ yǒu diǎn shì, yào xiān zǒu le.
니먼 리아오, 워 여우 디엔 스ᵖ, 야오 시엔 저우 러.

맞다, 집에 급한 일이 있어요, 우리 내일 다시 얘기하면 안 될까요?

对了，我家里有急事，我们明天再谈好吗？
Duì le, wǒ jiāli yǒu jíshì, wǒmen míngtiān zài tán hǎo ma?
뚜에이 러, 워 찌아리 여우 지스ᵖ, 워먼 밍티엔 짜이 탄 하오 마?

미안합니다, 약속시간이 다 되어서 먼저 가보겠습니다.

对不起，我要赶时间，先走了。
Duì bu qǐ, wǒ yào gǎn shíjiān, xiān zǒu le.
뚜에이 부 치, 워 야오 간 스ᵖ찌엔, 시엔 저우 러.

* 赶时间 시간이 빠듯하다, 시간에 대다.

죄송합니다, 6시에 일이 있어서 실례하겠습니다.

对不起，我6点有事，失陪了。
Duì bu qǐ, wǒ liù diǎn yǒu shì, shīpéi le.
뚜에이 부 치, 워 리우 디엔 여우 스ᵖ, 스ᵖ페이 러.

* 失陪 실례하다, 손님을 두고 먼저 떠날 때 쓰는 말.

미안합니다, 회사에 급한 일이 있어서 가봐야겠습니다.

不好意思，我们公司有点儿急事，先走了。

Bùhǎoyìsi, wǒmen gōngsī yǒu diǎnr jíshì, xiān zǒu le.

뿌하오이쓰, 워먼 꽁쓰 여우 디알 지스, 시엔 저우 러.

* 不好意思 미안하다, 부끄럽다.

A : 我想和你商量一些事。
　　Wǒ xiǎng hé nǐ shāngliáng yìxiē shì.
　　워 시앙 흐어 니 샹리앙 이시에 스.

> 得 ~해야 한다.

B : 对不起，我现在有点儿急事，得马上出去呢。
　　Duì bu qǐ, wǒ xiànzài yǒu diǎnr jíshì, děi mǎshàng chūqu ne.
　　뚜에이 부 치, 워 시엔짜이 여우 디알 지스, 데이 마샹 추취 너.

A : 那，以后再说吧。
　　Nà, yǐhòu zài shuō ba.
　　나, 이허우 짜이 수어 바.

B : 好的。晚上请打个电话过来。
　　Hǎode. wǎnshang qǐng dǎ ge diànhuà guòlai.
　　하오더. 완샹 칭 다 거 띠엔후아 꿔라이.

> 打电话 전화 걸다

A : 상의하고 싶은 일이 있어요.
B : 미안해요, 지금 급한 일이 있어서 바로 나가야해요.
A : 그러면 다음에 다시 얘기하죠.
B : 그래요. 저녁에 전화 주세요.

Unit 30 손님을 안내할 때

안쪽으로 가세요.
请往里边走。
Qǐng wǎng lǐbiān zǒu.
칭 왕 리비엔 저우.

*往 ~방향으로

저를 따라 오세요.
请跟我来。
Qǐng gēn wǒ lái.
칭 끄언 워 라이.

응접실로 들어가세요.
请进接待室。
Qǐng jìn jiēdàishì.
칭 찐 찌에따이스̀.

제가 모시고 가죠.
我领你去吧。
Wǒ lǐng nǐ qù ba.
워 링 니 취 바.

제가 책임자가 계신 곳으로 안내하겠습니다.
我带你到负责人那儿去。
Wǒ dài nǐ dào fùzérén nàr qù.
워 따이 니 따오 푸́저런́ 나알 취.

저와 함께 가세요, 안내해드릴게요.

请跟我走，我带你去。

Qǐng gēn wǒ zǒu, wǒ dài nǐ qù.

칭 끄언 워 저우, 워 따이 니 취.

A : 我是韩国来的金明教，和总经理约好3点钟见面。

Wǒ shì hánguó lái de Jīn míngjiào, hé zǒngjīnglǐ yuē hǎo sān diǎn zhōng jiànmiàn.

워 스 한구어 라이 더 찐 밍찌아오, 흐어 종찡리 위에 하오 싼 디엔 쭝 찌엔미엔.

B : 是的，我们正等着你呢。

Shìde, wǒmen zhèng děng zhe nǐ ne.

스더, 워먼 쩡 덩 저 니 너.

> 约
> 약속하다

A : 对不起，我来迟了。

Duì bu qǐ, wǒ lái chí le.

뚜에이 부 치, 워 라이 츠 러.

B : 哪里，哪里。我带你去总经理室，请往这边走。

Nǎli, nǎli. wǒ dài nǐ qù zǒngjīnglǐshì, qǐng wǎng zhèbiān zǒu.

나리, 나리. 워 따이 니 취 종찡리스, 칭 왕 쩌삐엔 저우.

  A : 저는 한국에서 온 김명교입니다. 사장님과 3시에 만나기로 약속했는데요.
  B : 네, 기다리고 있었습니다.
  A : 미안합니다. 제가 늦었어요.
  B : 아닙니다. 사장님 방으로 안내해드릴게요. 이쪽으로 오세요.

Unit 31 다른 사람이 부를 때

저 지금 바로 가요.

我现在就来。
Wǒ xiànzài jiù lái.
워 시엔짜이 찌우 라이.

갑니다, 가요.

来了, 来了。
lái le, lái le.
라이 러, 라이 러.

조금만 기다리세요, 바로 갈게요.

你们等一下, 我马上就来。
Nǐmen děng yí xià, wǒ mǎshàng jiù lái.
니먼 덩 이 시아, 워 마샹 찌우 라이.

먼저 시작하세요, 저도 바로 갈게요.

你们先开始吧, 我这就来。
Nǐmen xiān kāishǐ ba, wǒ zhè jiù lái.
니먼 시엔 카이스 바, 워 쩌 찌우 라이.

저 기다리지 마세요, 바로 갈게요.

你们不要等我, 我一会儿就来。
Nǐmen bú yào děng wǒ, wǒ yí huìr jiù lái.
니먼 부 야오 덩 워, 워 이 후얼 찌우 라이.

모두들 기다리고 있어요, 일을 마치면 바로 오세요.

大家在等着你，工作做好了就赶快过来。

Dàjiā zài děng zhe nǐ, gōngzuò zuò hǎo le jiù gǎnkuài guòlai.

따찌아 짜이 덩 저 니, 꿍쭈어 쭈어 하오 러 찌우 간쿠아이 꾸어라이.

A : 你什么时候来呢?
Nǐ shénme shíhou lái ne?
니 션머 스허우 라이 너?

B : 我这就来。
Wǒ zhè jiù lái.
워 쩌 찌우 라이.

A : 那我等你。
Nà wǒ děng nǐ.
나 워 덩 니.

B : 好, 我马上就去。
Hǎo, wǒ mǎshàng jiù qù.
하오, 워 마샹 찌우 취.

A : 언제 오세요?
B : 바로 갈게요.
A : 그러면 기다릴게요.
B : 네, 지금 바로 갈게요.

Unit 32 이미 충분함을 표현할 때

배불리 먹었습니다.

我吃饱了。
Wǒ chī bǎo le.
워 츠º 바오 러.

많이 먹었습니다.

我吃得太多了。
Wǒ chī de tài duō le.
워 츠º 더 타이 뚜어 러.

이제 충분합니다.

我已经饱了。
Wǒ yǐjing bǎo le.
워 이징 바오 러.

대접 잘 받았습니다.

我已经酒足饭饱了。
Wǒ yǐjing jiǔzúfànbǎo le.
워 이징 지우주판º바오 러.

* 酒足饭饱 : 원래는 '술과 밥을 배불리 먹다' 라는 의미지만 남에게 대접을 받고 하는 인사로 주로 쓰입니다.

많이 먹었습니다. 더는 사양하겠습니다.

我已经吃得很多了，不想再要了。
Wǒ yǐjing chī de hěn duō le, bù xiǎng zài yào le.
워 이징 츠º 더 흐언 뚜어 러, 뿌 시앙 짜이 야오 러.

술을 더 이상 못 마시겠어요.

酒已经喝不下了。
Jiǔ yǐjing hē bu xià le.
지우 이징 흐어 부 시아 러.

- **A :** 你没吃多少菜。
  Nǐ méi chī duōshǎo cài.
  니 메이 츠 뚜어샤오 차이.

- **B :** 我吃不少了。
  Wǒ chī bù shǎo le.
  워 츠 뿌 샤오 러.

- **A :** 你再吃点儿吧。
  Nǐ zài chī diǎnr ba.
  니 짜이 츠 디알 바.

- **B :** 不行了，我吃得太多了。
  Bù xíng le, wǒ chī de tài duō le.
  뿌 싱 러, 워 츠 더 타이 뚜어 러.

  A : 조금밖에 안 드셨네요?
  B : 많이 먹었습니다.
  A : 조금 더 드세요.
  B : 아니에요, 정말 많이 먹었어요.

Unit 33 주의를 환기시킬 때

길이 미끄러워요, 조심하세요.

路滑,请小心。
Lù huá, qǐng xiǎoxīn.
루 후아, 칭 시아오신.

어두워졌어요, 조심하세요!

天黑了,留点儿神!
Tiān hēi le, liú diǎnr shén!
티엔 헤이 러, 리우 디알 선!

계단이 가팔라요, 조심하세요.

楼梯很陡,请小心。
Lóutī hěn dǒu, qǐng xiǎoxīn.
러우티 흐언 더우, 칭 시아오신.

길이 나쁩니다. 넘어지지 않게 조심하세요.

路不好走,小心别摔着。
Lù bù hǎo zǒu, xiǎoxīn bié shuāi zhe.
루 뿌 하오 저우, 시아오신 비에 수아이 저.

날씨가 무더워요, 건강 조심하세요.

天气热,要注意身体。
Tiānqì rè, yào zhùyì shēntǐ.
티엔치 르어, 야오 쭈이 선티.

길이 미끄러우니 운전할 때 조심하세요.

道路滑，开车要格外小心。
Dàolù huá, kāi chē yào géwài xiǎoxīn.
따오루 후아, 카이 쳐° 야오 그어와이 시아오신.

A : 请慢走。
　　Qǐng màn zǒu.
　　칭 만 저우.

B : 好，没问题。
　　Hǎo, méi wèntí.
　　하오, 메이 원티.

A : 哎呀! 那边脏，小心踩到。
　　Āiyā! nàbiān zāng, xiǎoxīn cǎi dào.
　　아이야! 나비엔 짱, 시아오신 차이 따오.

> 踩
> 밟다

B : 真的，差点儿踩到。
　　Zhēnde, chà diǎnr cǎi dào.
　　쩐°더, 챠° 디알 차이 따오.

　A : 천천히 가세요.
　B : 네, 괜찮습니다.
　A : 이런, 저쪽은 더럽네요. 밟지 마세요.
　B : 정말요, 하마터면 밟을 뻔했어요.

Unit 34 중요한 일을 잊었을 때

이 일은 잊고 있었어요.

这件事，我记不得了。
Zhè jiàn shì, wǒ jì bu de le.
쩌° 찌엔 스, 워 찌 부 더 러.

이 일은 제 기억에 없어요.

这件事，我没印象。
Zhè jiàn shì, wǒ méi yìnxiàng.
쩌° 찌엔 스, 워 메이 인시앙.

이 일을 까맣게 잊고 있었어요.

我把这件事忘得一干二净。
Wǒ bǎ zhè jiàn shì wàng de yìgānèrjìng.
워 바 쩌° 찌엔 스° 왕 더 이깐얼찡.

*一干二净 깨끗이, 모조리

그에게 말하는 걸 깜빡했어요.

我忘记告诉他了。
Wǒ wàngjì gàosu tā le.
워 왕지 까우수 타 러.

이런! 생각이 나지 않아요.

糟了！我想不起来了。
Zāo le! wǒ xiǎng buqǐlai le.
짜오 러, 워 시앙 부치라이 러.

Part 2. 회화의 감각을 살리는 패턴 73

죄송해요, 당신이 부탁한 일을 깜빡했어요.

对不起!我忘了你交代的事。
Duì bu qǐ! wǒ wàng le nǐ jiāodài de shì.
뚜에이 부 치! 워 왕 러 니 찌아오따이 더 스.

* 交代 부탁하다

A : 你把那本书带来了吗?
   Nǐ bǎ nà běn shū dàilai le ma?
   니 바 나 번 수 따이라이 러 마?

B : 糟糕, 我忘记带来了。
   Zāogāo, wǒ wàngjì dàilai le.
   짜오까오, 워 왕찌 따이라이 러.

A : 那就算了吧。
   Nà jiù suàn le ba.
   나 찌우 쑤안 러 바.

B : 我明天一定带来。
   Wǒ míngtiān yídìng dàilai.
   워 밍티엔 이띵 따이라이.

   A : 그 책 가져오셨나요?
   B : 이런, 깜빡했어요.
   A : 그럼 할 수 없죠.
   B : 아녜요, 내일 꼭 가져올게요.

Unit 35 능력이 안 됨을 나타낼 때

저는 담배를 안 피워요.

我不会抽烟。
Wǒ bú huì chōuyān.
워 부 후에이 쳐우이엔.

독한 술을 못 마십니다.

烈酒我不能喝。
Lièjiǔ wǒ bú néng hē.
리에지우 워 부 넝 흐어.

일본어를 잘 못해요.

我不太会说日语。
Wǒ bú tài huì shuō Rìyǔ.
워 부 타이 후에이 수어 르°위.

마작에 대해서 하나도 몰라요.

麻将我一窍不通。
Májiàng wǒ yíqiàobùtōng.
마찌앙 워 이치아오뿌퉁.

  * 一窍不通 어떤 일에 문외한이다

한국 노래를 조금 할 줄 압니다.

我会唱一点儿韩国歌。
Chàng yì diǎnr Hánguó gē wǒ huì.
챵° 이 디알 한구어 끄어 워 후에이.

A : 请抽烟。
Qǐng chōuyān.
칭 처우이엔.

B : 对不起，我不会抽。
Duì bu qǐ, wǒ bú huì chōu.
뚜에이 부 치, 워 부 후에이 처우.

A : 那请吃点儿点心吧。
Nà qǐng chī diǎnr diǎnxin ba.
나 칭 츠 디알 디엔신 바.

B : 谢谢。
Xièxie.
시에시에.

A : 喝杯咖啡怎么样？
Hē bēi kāfēi zěnmeyàng?
흐어 뻬이 카페이 전머양?

B : 好的，那就麻烦您了。
Hǎo de, nà jiù máfan nín le.
하오 더, 나 찌우 마판 닌 러.

A : 담배 한 대 피우세요.
B : 죄송해요. 담배 안 피워요.
A : 그럼 디저트라도 좀 드세요.
B : 고맙습니다.
A : 커피라도 드시겠어요?
B : 네, 감사합니다.

Unit 36 상대의 말을 못 알아들을 때

잘 모르겠습니다.

我不清楚。
Wǒ bù qīngchu.
워 뿌 칭추.

잘 못 알아듣겠어요.

我听不懂。
Wǒ tīng bu dǒng.
워 팅 부 동.

반 정도는 알아듣겠어요.

我差不多能听懂一半。
Wǒ chà bu duō néng tīng dǒng yíbàn.
워 차부뚜어 팅 동 이빤.

아주 조금밖에 못 알아들었어요.

我只能听懂一点点。
Wǒ zhǐ néng tīng dǒng yì diǎndian.
워 즈 팅 동 이 디엔디엔.

하나도 못 알아듣겠어요.

我一点儿也不懂。
Wǒ yì diǎnr yě bù dǒng.
워 이 디알 이에 뿌 동.

잘 모르는 부분이 있어요.

还有一些地方不太清楚。
Hái yǒu yìxiē dìfāng bú tài qīngchu.
하이 여우 이 시에 띠팡 부 타이 칭추.

- **A :** 你懂汉语吗?
  Nǐ dǒng Hànyǔ ma?
  니 동 한위 마?

- **B :** 我不懂, 小王懂。
  Wǒ bù dǒng, Xiǎowáng dǒng.
  워 뿌 동, 시아오왕 동.

- **A :** 小王在哪里呢?
  Xiǎowáng zài nǎlǐ ne?
  시아오왕 짜이 나리 너?

- **B :** 不知道, 请你问小李吧。
  Bù zhīdao, qǐng nǐ wèn Xiǎolǐ ba.
  뿌 쯔다오, 칭 니 원 시아오리 바.

  A : 중국어 할 줄 아시나요?
  B : 아니요, 시아오왕은 할 줄 알아요.
  A : 시아오왕은 어디 있죠?
  B : 모르겠어요, 시아오리에게 물어보세요.

Unit 37 상대의 말을 알아들었을 때

알겠습니다.

清楚了。
Qīngchu le.
칭추 러.

대충 알아들었어요.

差不多都明白了。
Chà bu duō dōu míngbai le.
챠ˇ 부 뚜어 떠우 밍바이 러.

알았어요, 내일 꼭 갈게요.

知道了，我明天一定去。
Zhīdao le, wǒ míngtiān yídìng qù.
쯔다오 러, 워 밍티엔 이띵 취.

웬만큼은 이해했어요.

多少听懂一些。
Duōshǎo tīng dǒng yìxiē.
뚜어샤ˇ오 팅 동 이시에.

이미 이해했습니다.

我已经了解了。
Wǒ yǐjing liǎojiě le.
워 이징ˇ 리아오지에 러.

모르는 부분은 확실히 알 때 까지 물어보세요.

不清楚的地方要重新问到完全了解为止。
Bù qīngchu de dìfāng yào chóngxīn wèn dào wánquán liǎojiě wéizhǐ.
뿌 칭추° 더 띠팡 야오 총°신 원 따오 완취엔 리아오지에 웨이즈°.

* 到~为止 ~할 때까지

A : 我说的话，你明白了吗?
Wǒ shuō de huà, nǐ míngbai le ma?
워 수어 더 후아, 니 밍바이 러 마?

B : 明白了。
Míngbai le.
밍바이 러.

A : 那就麻烦你了。
Nà jiù máfan nǐ le.
나 찌우 마판 니 러.

B : 好，我去告诉她。
Hǎo, wǒ qù gàosu tā.
하오, 워 취 까오수 타.

A : 제가 한 말, 알아들으셨나요?
B : 알겠습니다.
A : 그러면 좀 부탁드릴게요.
B : 네, 그에게 말해보죠.

Unit 38 사과의 메시지를 전할 때

죄송해요, 잊고 있었어요.

对不起，我忘了。
Duì bu qǐ, wǒ wàng le.
뚜에이 부 치, 워 왕 러.

죄송합니다만 저는 못 가요.

对不起，我不能去。
Duì bu qǐ, wǒ bù néng qù.
뚜에이 부 치, 워 뿌 넝 취.

죄송해요, 갑자기 일이 생겨서 못 갑니다.

对不起，临时有事去不成了。
Duì bu qǐ, línshí yǒu shì qù bù chéng le.
뚜에이 부 치, 린스 여우 스 취 뿌청 러.

죄송합니다. 저는 안 될 것 같아요.

对不起，我实在不行。
Duì bu qǐ, wǒ shízài bù xíng.
뚜에이 부 치, 워 스짜이 뿌 싱.

제가 잘못했어요, 정말 죄송합니다.

我弄错了，很抱歉。
Wǒ nòng cuò le, hěn bàoqiàn.
워 농 추어 러, 흐언 빠오치엔.

몇 번이고 해봤는데 못하겠어요. 죄송합니다.

我试了几次，都无法做好，很抱歉。

Wǒ shì le jǐ cì, dōu wúfǎ zuò hǎo, hěn bàoqiàn.

워 스 러 지 츠, 떠우 우파 쭈어 하오, 흐언 빠오치엔.

A : 对不起，我来迟了。
Duì bu qǐ, wǒ lái chí le.
뚜에이 부 치, 워 라이 츠 러.

B : 没关系。
Méi guānxi.
메이 꾸안시.

> 让
> ~로 하여금 ~하게 하다

A : 让您久等了，真不好意思。
Ràng nín jiǔ děng le, zhēn bù hǎo yìsi.
랑 닌 지우 덩 러, 쩐 뿌 하오 이쓰.

B : 哪里，哪里，我也刚来。
Nǎli, nǎli, wǒ yě gāng lái.
나리, 나리, 워 이에 깡 라이.

A : 죄송합니다. 늦었어요.
B : 괜찮습니다.
A : 오래 기다리셨죠, 정말 죄송합니다.
B : 아니에요, 저도 방금 왔어요.

Unit 39 의견을 제시할 때

이 문제 다시 생각해보셨나요?
这个问题，是不是重新考虑一下？
Zhè ge wèntí, shì bu shì chóngxīn kǎolǜ yí xià?
쩌 거 원티, 스 부 스 총신 카오뤼 이 시아?

이 문제는 다시 생각해봐야 할 것 같아요.
我认为这个问题有必要再考虑考虑。
Wǒ rènwéi zhè ge wèntí yǒu bìyào zài kǎolǜ kǎolǜ.
워 런웨이 쩌 거 원티 여우 삐야오 짜이 카오뤼 카오뤼.

여기 글자를 고쳐줄 수 없을까요?
这里的文字是不是能够修改一下？
Zhèlǐ de wénzì shì bu shì nénggòu xiūgǎi yí xià?
쩌리 더 원즈 스 부 스 넝꺼우 시우가이 이 시아?

당신과 먼저 상의할 일이 있어요.
有件事，我想先跟你说一下。
Yǒu jiàn shì, wǒ xiǎng xiān gēn nǐ shuō yí xià.
여우 찌엔 스, 워 시앙 시엔 끄언 니 수어 이 시아.

제 생각을 말씀드리고 싶어요.
我想说明我的看法。
Wǒ xiǎng shuōmíng wǒ de kànfǎ.
워 시앙 수어밍 워 더 칸파.

저는 그 의견에 동의 할 수 없습니다.

我不同意你的意见。
Wǒ bù tóngyì nǐ de yìjiàn.
워 뿌 통이 니 더 이찌엔.

A : 有个问题，我想跟您商量商量。
Yǒu ge wèntí, wǒ xiǎng gēn nín shāngliang shāngliang.
여우 거 원티, 워 시앙 끄언 닌 샹리앙 샹리앙.

B : 什么事呢?
Shénme shì ne?
션머 스 너?

A : 这份文件有些地方能不能修改?
Zhè fèn wénjiàn yǒuxiē dìfāng néng bu néng xiūgǎi.
쩌 펀 원찌엔 여우 시에 띠팡 넝 부 넝 시우가이?

B : 可以。改什么地方?
Kěyǐ. gǎi shénme dìfāng.
크어이. 가이 션머 띠팡.

A : 당신과 상의하고 싶은 문제가 있어요.
B : 무슨 일인데요?
A : 이 파일 좀 수정해주실 수 있나요?
B : 그래요? 어디를 고치면 되죠?

Unit 40 날씨에 대해 말할 때

오늘 정말 더워요!

今天太热了!
Jīntiān tài rè le!
찐티엔 타이 르어 러!

더워서 참을 수가 없어요.

热得受不了。
Rè de shòu bu liǎo.
르어 더 셔우 부 리아오.

더워서 온 몸이 끈적거려요.

热得身上都粘了。
Rè de shēn shang dōu nián le.
르어 더 션 샹 떠우 니엔 러.

더워서 숨을 쉴 수가 없어요.

热得透不过气来。
Rè de tòubuguò qì lái.
르어 더 터우부꾸어 치 라이.

후텁지근해서 어지러울 지경이에요.

闷热得快要晕了。
Mēnrè de kuài yào yūn le.
먼르어 더 쿠아이 야오 윈 러.

오늘 날씨가 정말 춥습니다.

今天天气很冷。
Jīntiān tiānqì hěn lěng.
찐티엔 티엔치 흐언 렁.

A : 真热啊!
Zhēn rè a!
쩐 르어아!

B : 是啊, 今天怎么这么热呢。
Shì a, jīntiān zěnme zhème rè ne.
스 아, 찐티엔 전머 쩌머 르어 너.

A : 我们到有冷气的咖啡店去吧。
Wǒmen dào yǒu lěngqì de kāfēidiàn qù ba.
워먼 따오 여우 렁치 더 카페이띠엔 취 바.

B : 好主意。
Hǎo zhǔyi.
하오 주이.

A : 정말 덥군요!
B : 그래요, 오늘 정말 더워요.
A : 우리 시원한 커피숍이라도 가요.
B : 좋은 생각이에요.

Unit 41 컨디션이 좋지 않을 때

배가 좀 아파요.
我肚子有点儿不舒服。
Wǒ dùzi yǒu diǎnr bù shūfu.
워 뚜즈 여우 디알 뿌 수푸.

온 몸에 힘이 없어요.
浑身没劲儿。
Húnshēn méi jìnr.
훈션 메이 찔.

온 몸이 시큰거려요.
我浑身酸痛。
Wǒ húnshēn suāntòng.
워 훈션 쑤안통.

*酸痛 시큰거리다

구역질이 좀 나요.
有点儿恶心。
Yǒu diǎnr ěxin.
여우 디알 으어신.

배가 좀 아파요. 병원에 가야겠어요.
我肚子不舒服，要去看医生。
Wǒ dùzi bù shūfu, yào qù kàn yīshēng.
워 뚜즈 뿌 수푸, 야오 취 칸 이셩.

*看医生 진찰 받으러 가다

오늘 감기에 걸려서 컨디션이 안 좋아요.

我今天感冒,身体不舒服。
Wǒ jīntiān gǎnmào, shēntǐ bù shūfu.
워 찐티엔 깐마오, 션티 뿌 수푸.

A: 我有点儿不舒服。
Wǒ yǒu diǎnr bù shūfu.
워 여우 디알 뿌 수푸.

B: 你哪里不舒服?
Nǐ nǎli bù shūfu?
니 나리 뿌 수푸?

A: 有点儿头疼,好像发烧。
Yǒu diǎnr tóu téng, hǎoxiàng fā shāo.
여우 디알 터우 텅, 하오시앙 퐈 샤오.

B: 可能是感冒了,赶快吃药吧。
Kěnéng shì gǎnmào le, gǎnkuài chī yào ba.
크어녕 스 깐마오 러, 깐쿠아이 츠 야오 바.

A : 몸이 좀 안 좋아요.
B : 어디가 안 좋은데요?
A : 머리가 좀 아프고 열도 나요.
B : 감기에 걸렸나 봐요. 어서 약을 먹어요.

Unit 42 음식 맛이 좋을 때

맛이 훌륭해요.

味道很好。
Wèidao hěn hǎo.
웨이다오 흐언 하오.

정말 맛있어요!

太好吃了！
Tài hǎochī le!
타이 하오츠° 러!

이렇게 맛있는 음식은 한 번도 못 먹어 봤어요.

这么好吃的东西，我从来没吃过。
Zhème hǎochī de dōngxi, wǒ cónglái méi chī guo.
쩌°머 하오츠° 더 똥시, 워 총라이 메이 츠° 구어.

이 탕 정말 맛이 좋네요.

这碗汤特别好喝。
Zhè wǎn tāng tèbié hǎohē.
쩌° 완 탕 트어비에 하오흐어.

*碗 공기나 사발을 세는 양사

맛이 정말 기가 막혀요!

这味道太棒了！
Zhè wèidao tài bàng le!
쩌° 웨이다오 타이 빵 러!

만두가 참 맛있어요.

这包子真香。
Zhè bāozi zhēn xiāng.
쩌° 빠오즈 쩐° 시앙.

*香 음식 맛이 좋다

A : 合不合您的口味?
Hé bu hé nín de kǒuwèi?
흐어 부 흐어 닌 더 커우웨이?

B : 很好吃!正合我的口味。
Hěn hǎochī! zhèng hé wǒ de kǒuwèi.
흐언 하오츠°! 쩡 흐어 워 더 커우웨이.

A : 这个鱼汤怎么样?
Zhè ge yútāng zěnmeyàng?
쩌° 거 위탕 전머양?

B : 味道特别鲜美。
Wèidao tèbié xiānměi.
웨이다오 트어비에 시엔메이.

A : 입맛에 맞으세요?
B : 맛있어요! 제 입에 딱 맞아요.
A : 이 매운탕 어떠세요?
B : 맛이 정말 기가 막히네요.

Unit 43 호의를 받아드릴 때

수고 좀 해주세요.

那我就麻烦你了。
Nà wǒ jiù máfan nǐ le.
나 워 찌우 마판 니 러.

그럼 부탁드립니다.

那我就拜托你了。
Nà wǒ jiù bàituō nǐ le.
나 워 찌우 빠이투어 니 러.

이렇게 사양하시다니, 그럼 거절하지 않겠습니다.

你这么客气，那我就不推辞了。
Nǐ zhème kèqi, nà wǒ jiù bù tuīcí le.
니 쯔°머 크어치, 나 워 찌우 뿌 투에이츠 러.

* 推辞 사양하다

호의를 거절할 수 없으니, 사양하지 않겠습니다.

盛情难却，我就收下了。
Shèngqíngnánquè, wǒ jiù shōu xià le.
셩°칭난취에, 워 찌우 셔°우 시아 러.

* 盛情难却 융숭한 대접은 거절하기 어렵다

그럼 고맙게 생각하고 댄스파티에 참석하겠습니다.

那我就不客气地参加舞会了。
Nà wǒ jiù bú kèqi de cānjiā wǔhuì le.
나 워 찌우 부 크어치 더 찬찌아 우후에이 러.

* 地 : 동사나 형용사를 수식할 때는 的 대신 地를 씁니다.

그렇다면 사양하지 않을게요, 감사합니다.

那我就不客气了,谢谢你。

Nà wǒ jiù bú kèqi le, xièxie nǐ.

나 워 찌우 부 커치 러, 시에시에 니.

A : 今晚喝得真痛快啊。
   Jīn wǎn hē de zhēn tòngkuai a.
   찐 완 흐어 더 쩐 통쿠아이 아.

B : 时间不早了,您也该休息了吧。
   Shíjiān bù zǎo le, nín yě gāi xiūxi le ba.
   스̄찌엔 뿌 자오 러, 닌 이에 까이 시우시 러 바.

A : 你难得来一次,再喝一点吧。
   Nǐ nán dé lái yícì, zài hē yì diǎn ba.
   니 난 더 라이 이 츠, 짜이 흐어 이 디엔 바.

B : 那我就不客气了。
   Nà wǒ jiù bú kèqi le.
   나 워 찌우 부 크어치 러.

   A : 오늘 저녁 실컷 마셨네요.
   B : 시간이 늦었어요, 어서 쉬셔야죠.
   A : 어렵게 오셨는데 한 잔 더 해야죠.
   B : 그렇다면 사양하지 않겠습니다.

Unit 44 자신의 책임이 아님을 표현할 때

이건 제 탓이 아닙니다.

这件事跟我没关系。
Zhè jiàn shì gēn wǒ méi guānxi.
쩌° 찌엔 스° 끄언 워 메이 꾸안시.

이건 제 책임이 아니에요.

这不是我的责任。
Zhè bú shì wǒ de zérèn.
쩌° 부 스° 워 더 저런°.

이 일에 대해서 전 책임 없습니다.

这件事我不负任何责任。
Zhè jiàn shì wǒ bú fù rènhé zérèn.
쩌° 찌엔 스° 워 부 푸° 런°허어 저런°.

  * 任何 : 어떠한 ~라도

제가 한 일이 아닙니다.

这不是我搞的。
Zhè bú shì wǒ gǎo de.
쩌° 부 스° 워 가오 더.

확인해 보세요, 저는 책임이 없어요.

请你们调查，我是没有责任的。
Qǐng nǐmen diàochá, wǒ shì méi yǒu zérèn de.
칭 니먼 띠아오차°, 워 스° 메이 여우 저런° 더.

저는 책임이 없으니, 절 탓하지 마세요.

我没有责任，不要怪我了。
Wǒ méiyǒu zérèn, bú yào guài wǒ le.
워 메이여우 저런, 부야오 꾸아이 워 러.

A : 为什么没有把东西带来呢?
Wèishénme méi yǒu bǎ dōngxi dàilai ne?
웨이션머 메이 여우 바 뚱시 따이라이 너?

B : 这不是我的错。
Zhè bú shì wǒ de cuò.
쩌 부 스 워 더 추어.

A : 为什么呢?
Wèishénme ne?
웨이션머 너?

B : 你不是说不用带来吗?
Nǐ bú shì shuō bú yòng dàilai ma?
니 부 스 수어 부 용 따이라이 마?

A : 왜 물건 안 가지고 오셨죠?
B : 그건 제 책임이 아니에요.
A : 왜죠?
B : 가져올 필요 없다고 하셨잖아요.

Unit 45 상대방의 잘못을 지적할 때

그건 안 돼요!

那是不行的!
Nà shì bù xíng de!
나 스° 뿌 싱 더!

어떻게 이럴 수 있어요?

这样怎么行呢?
Zhèyàng zěnme xíng ne?
쪄°양 전머 싱 너?

정말 진지하지 못하군요.

这太不认真了。
Zhè tài bú rènzhēn le.
쪄° 타이 부 런쩐° 러.

정말 무책임하시군요.

这太不负责任了。
Zhè tài bú fù zérèn le.
쪄° 타이 부 푸′ 저런° 러.

그렇게 하시면 제가 곤란해요.

那样做, 会使我难堪。
Nàyàng zuò, huì shǐ wǒ nánkān.
나양 쭈어, 후에이 스° 워 난칸.

* 使(사역동사) ~하게 하다

Part 2. 회화의 감각을 살리는 패턴 73

앞으로 주의하세요.

希望你以后注意。
Xīwàng nǐ yǐhòu zhùyì.
시왕 니 이허우 쭈이.

A : 这件事还没有给我解决吗?
　　Zhè jiàn shì hái méi yǒu gěi wǒ jiějué ma?
　　쩌 찌엔 스 하이 메이 여우 게이 워 지에쥐에 마?

B : 快了,请再等一等。
　　Kuài le, qǐng zài děng yi děng.
　　쿠아이 러, 칭 짜이 덩 이 덩.

A : 怎么能这样拖呢,有点儿不像话。
　　Zěnme néng zhèyàng tuō ne, yǒu diǎnr bú xiàng huà.
　　전머 넝 쩌양 투어 너, 여우 디알 부 시앙 후아.

B : 我们再研究研究,一定会解决。
　　Wǒmen zài yánjiu yánjiu, yídìng huì jiějué.
　　워먼 짜이 이엔찌우 이엔찌우, 이띵 후에이 지에쥐에.

A : 이 일 아직도 해결 안 되었나요?
B : 곧 돼요, 잠시만 기다려주세요.
A : 이렇게 지연되다니, 정말 말도 안 돼요.
B : 저희가 지금 알아보고 있으니, 곧 해결될 겁니다.

Unit 46 상대방에게 감탄했을 때

정말 대단하십니다!
佩服!佩服!
Pèifú, pèifú!
페이푸´, 페이푸´!

장난이 아니에요!
太不简单了!
Tài bù jiǎndān le!
타이 뿌 지엔딴 러!

진심으로 탄복했습니다.
实在令人佩服。
Shízai lìng rén pèifú.
스˚짜이 링 런˚ 페이푸´.

정말 잘 하셨어요.
做得太好了。
Zuò de tài hǎo le.
쭈어 더 타이 하오 러.

정말 감동했습니다.
实在令人感动。
shízai lìng rén gǎndòng.
스˚짜이 링 런˚ 간똥.

역시 왕 선생님의 제자답습니다.

真不愧是王老师的学生。

Zhēn bú kuì shì Wáng lǎoshī de xuésheng.

쩐 부 쿠에이 스 왕 라오스 더 쉬에셩.

* 不愧 ~에 부끄럽지 않다, ~손색이 없다

A : 黄先生的论文你看了吗?
Huáng xiānsheng de lùnwén nǐ kàn le ma?
후앙 시엔셩 더 룬원 니 칸 러 마?

B : 看了, 真了不起。
Kàn le, zhēn liǎo bu qǐ.
칸 러, 쩐 리아오 부 치.

A : 我很佩服他。
Wǒ hěn pèifú tā.
워 흐언 페이푸 타.

B : 我也是。
Wǒ yě shì.
워 이에 스.

A : 황 선생님의 논문 보셨어요?
B : 봤어요, 정말 훌륭하던데요.
A : 저도 정말 탄복했어요.
B : 저도요.

Unit 47 안도의 뜻을 나타낼 때

이제 저도 마음이 놓이네요.

这一下我可以放心了。
Zhè yí xià wǒ kěyǐ fàngxīn le.
쩌 이 시아 워 크어이 팡신 러.

이제 한 숨 돌리겠어요.

现在可以松口气了。
Xiànzài kěyǐ sōng kǒuqì le.
시엔짜이 크어이 쏭 커우치 러.

이제 가슴이 후련합니다.

心中的一块石头落下了。
Xīn zhōng de yíkuài shítou luò xià le.
신 쫑 더 이쿠아이 스터우 루어 시아 러.

* 心中石头终落地 답답한 일이 해결되다

드디어 문제가 해결되었습니다.

问题总算解决了。
Wèntí zǒng suàn jiějué le.
원티 종 쑤안 지에쥐에 러.

당신이 무사하다니 저도 마음이 놓여요.

听说你安然无恙，我松了一口气。
Tīngshuō nǐ ānránwúyàng, wǒ sōng le yi kǒuqì.
팅수어 니 안란우양, 워 쏭 러 이 커우치.

* 安然无恙 아무 탈 없이 무사하다

성적이 올라서 어머니가 마음을 놓으셨어요.

成绩进步了，所以妈妈放心了。

Chéngjì jìnbù le, suǒyǐ māma fàngxīn le.

챵찌 찐뿌 러, 수어이 마마 팡신 러.

A : 那个误会解释开了。
Nà ge wùhuì jiěshì kāi le.
나 거 우후에이 지에스 카이 러.

B : 那太好了!
Nà tài hǎo le!
나 타이 하오 러!

A : 让您费心了。
Ràng nǐ fèixīn le.
랑 니 페이신 러.

B : 没有没有，这样我也放心了。
Méi yǒu méi yǒu, zhèyàng wǒ yě fàngxīn le.
메이 여우 메이 여우, 쩌양 워 이에 팡신 러.

A : 오해가 풀렸습니다.
B : 정말 다행입니다.
A : 신경 쓰게 해드렸군요.
B : 아니에요, 저도 이제 마음이 놓여요.

Unit 48 기쁜 소식을 들었을 때

그거 참 잘됐어요!

这消息太好了!
Zhè xiāoxi tài hǎo le!
쩌 시아오시 타이 하오 러!

그래요? 정말 기뻐요.

是吗? 我真高兴。
Shì ma, wǒ zhēn gāoxìng.
스 마, 워 쩐 까오싱.

정말 기뻐요!

太叫人高兴了!
Tài jiào rén gāoxìng le!
타이 찌아오 런 까오싱 러!

잘됐어요! 축하해줘야겠네요!

好极了!我们得庆祝庆祝啊!
Hǎo jí le! wǒmen děi qìngzhu qìngzhu a!
하오 지 러! 워먼 데이 칭주 칭주 아!

* 得 děi 마땅히 ~해야 한다

와! 정말 기뻐요!

哎呀!太高兴了!
Āiyā, tài gāoxìng le!
아이야, 타이 까오싱 러!

이거 정말 경사군요!

这可真是大喜事啊!
Zhè kě zhēn shì dà xǐshì a!
쩌² 크어 쩐² 스` 따 시스` 아!

A : 真的吗？真是好消息啊!
Zhēnde ma, zhēn shì hǎo xiāoxi a!
쩐²더 마? 쩐² 스` 하오 시아오시 아!

B : 太叫人高兴了。
Tài jiào rén gāoxìng le.
타이 찌아오 런² 까오싱 러.

A : 我们应该庆祝庆祝啊!
Wǒmen yīnggāi qìngzhu qìngzhu a!
워먼 잉까이 칭쭈 칭쭈 아!

B : 对呀。
Duì ya.
뚜에이 야.

A : 정말요? 기쁜 소식이군요.
B : 저도 참 기쁩니다.
A : 모두 함께 축하해줘야죠.
B : 그래요.

Unit 49 추측을 나타낼 때

내일 비가 올 것 같아요.
明天说不定会下雨。
Míngtiān shuō bu dìng huì xià yǔ.
밍티엔 수어 부 띵 후에이 시아 위.

아마 괜찮을 겁니다.
大概可以吧。
Dàgài kěyǐ ba.
따까이 크어이 바.

그는 아마도 모를 거예요.
他恐怕不知道。
Tā kǒngpà bù zhīdao.
타 콩파 뿌 쯔다오.

아마도 깜빡했겠죠.
多半是忘了吧。
Duōbàn shì wàng le ba.
뚜어빤 스 왕 러 바.

그렇지는 않을 거예요.
不至于那样吧。
Bú zhì yú nàyàng ba.
부 쯔 위 나양 바.

Part 2. 회화의 감각을 살리는 패턴 73

그렇다고 알고 있어요.

大家都认为是那样。
Dàjiā dōu rènwéi shì nàyàng.
따찌아 떠우 런웨이 스 나양.

A : 她是不是生气了?
Tā shì bu shì shēngqì le?
타 스 부 스 셩치 러?

B : 不至于生气吧。
Bú zhì yú shēngqì ba.
부 쯔 위 셩치 바.

> 不至于
> ~에 이르지 못하다,
> ~까지는 안 된다

A : 我看很像是生气了。
Wǒ kàn hěn xiàng shì shēngqì le.
워 칸 흐언 시앙 스 셩치 러.

B : 不会吧。
Bú huì ba.
부 후에이 바.

A : 그녀가 화가 났나요?
B : 그런 것 같지는 않아요.
A : 제가 볼 때는 화난 것 같아요.
B : 그럴 리가요.

Unit 50 의외의 상황에 부딪혔을 때

이거 정말 뜻밖입니다.

这太意外了。
Zhè tài yìwài le.
쩌 타이 이와이 러.

도대체 어떻게 된 일이죠!

到底是怎么一回事啊!
Dàodǐ shì zěnme yì huí shì a!
따오디 스 전머 이 후에이 스 아!

*到底 의문문에 쓰여 어기를 한 층 더 강조

당첨되셨다면서요? 정말인가요?

你中奖了, 真的吗?
Nǐ zhòngjiǎng le, zhēnde ma?
니 쭝지앙 러, 쩐더 마?

*中奖에서 中은 '당첨되다, 합격하다'라는 의미입니다.

정말요? 어떻게 그럴 수 있죠?

真的? 这怎么可能呢?
Zhēnde? zhè zěnme kěnéng ne?
쩐더? 쩌 전머 크어넝 너?

정말요? 정말 못 믿겠어요.

真的? 这真不敢相信。
Zhēnde? zhè zhēn bù gǎn xiāngxìn.
쩐더? 쩌 쩐 뿌 간 시앙신.

저도 듣고 깜짝 놀랐어요.

我听说时，吃了一惊。
Wǒ tīngshuō shí, chī le yì jīng.
워 팅슈어 스, 츠러 이 찡.

A : 真没料到他会这样做。
Zhēn méi liào dào tā huì zhèyàng zuò.
쩐 메이 리아오 따오 타 후에이 쩌양 쭈어.

B : 难道是真的?
Nándào shì zhēnde?
난따오 스 쩐더?

A : 没错。
Méi cuò.
메이 추어.

B : 怎么会这样呢?
Zěnme huì zhèyàng ne?
전머 후에이 쩌양 너?

A : 그가 그럴 줄은 정말 몰랐어요.
B : 그게 정말인가요?
A : 그럼요.
B : 어떻게 그럴 수가 있죠?

Unit 51 상대방의 옷차림을 칭찬할 때

양복 질이 참 좋군요.
你这西装的料子很好。
Nǐ zhè xīzhuāng de liàozi hěn hǎo.
니 쩌 시쭈앙 더 리아오즈 흐언 하오.

* 서양식 복장이라는 의미의 西装은 우리가 보통 말하는 양복을 뜻합니다. 양식은 西餐(xīcān), 서양은 西方(xīfāng), 이처럼 서양식을 가리키는 말에는 앞에 西가 붙습니다.

당신의 상의 참 세련되었어요.
你的上衣很时髦。
Nǐ de shàngyī hěn shímáo.
니 더 샹이 흐언 스마오.

*时髦 세련되다

당신이 입은 겉옷 참 멋져요.
你的大衣样子真不错。
Nǐ de dàyī yàngzi zhēn búcuò.
니 더 따이 양즈 쩐 부추어.

당신 스커트 색과 윗옷이 참 잘 어울려요.
你裙子的颜色和上衣配得真好。
Nǐ qúnzi de yánsè hé shàngyī pèi de zhēn hǎo.
니 췬즈 더 이엔써 흐어 샹이 페이 더 쩐 하오.

*配 어울리다, 배합하다

당신이 입은 그 옷 참 잘 어울려요.
这件衣服你穿着很合适。
Zhè jiàn yīfu nǐ chuān zhe hěn héshì.
쩌 찌엔 이푸 니 추안 저 흐언 흐어스.

당신이 입은 옷 디자인이 참 세련되었어요.

你穿的衣服款式很时髦。

Nǐ chuān de yīfu kuǎnshi hěn shímáo.

니 추안 더 이푸 쿠안스 흐언 스마오.

A : 这件衣服好极了。
Zhè jiàn yīfu hǎo jí le.
쩌 찌엔 이푸 하오 지 러.

> 형용사 뒤에 极了를 쓰면 그 정도가 최고치에 달함을 나타 내줍니다.

B : 是吗?
Shì ma?
스 마?

A : 款式新颖，颜色也鲜艳。
Kuǎnshi xīnyǐng, yánsè yě xiānyàn.
쿠안스 신잉, 이엔써 이에 시엔이엔.

B : 真的吗? 谢谢!
Zhēnde ma? xièxie!
쩐더 마? 시에시에!

A : 이 옷 참 멋져요.
B : 그래요?
A : 디자인도 신선하고 색상도 화려하네요.
B : 정말요? 고마워요!

Unit 52 상대방을 진정시킬 때

초조해하지 마세요.
你别着急。
Nǐ bié zháojí.
니 비에 쟈오지.

안심하세요!
你放心!
Nǐ fàngxīn!
니 퐝신!

화내지 마세요.
别生气。
Bié shēngqì.
비에 셩치.

마음 놓으세요.
放轻松一点儿。
Fàng qīngsōng yì diǎnr.
퐝 칭숭 이 디알.

문제가 심각하지 않으니 걱정 마세요.
问题不大, 不用着急。
Wèntí bú dà, bú yòng zháojí.
원티 부 따, 부 융 쟈오지.

진정하세요.

你要镇静一点儿。
Nǐ yào zhènjìng yì diǎnr.
니 야오 쩐찡 이 디알.

A : 孩子还没回来呢!
Háizi hái méi huílai ne!
하이즈 하이 메이 후에이라이 너!

B : 别着急, 可能快回来了。
Bié zháojí, kěnéng kuài huílai le.
비에 쟈오지, 크어넝 쿠아이 후에이라이 러.

> 快~了는 앞으로 어떠한 일이 임박했음을 나타냄

A : 是不是发生了什么事?
Shì bu shì fāshēng le shénme shì?
스 부 스 파셩 러 션머 스?

B : 没有这回事。请放心。
Méi yǒu zhè huí shì. qǐng fàngxīn.
메이 여우 쩌 후에이 스. 칭 팡신.

A : 아이가 아직 안 왔어요.
B : 걱정하지 마요, 곧 돌아올 거예요.
A : 무슨 일이 생긴 걸까요?
B : 그럴 일 없어요, 걱정 마세요.

Unit 53 상대를 위로할 때

화내지 마세요.

别生气。
Bié shēngqì.
비에 셩치.

상심하지 마세요.

别伤心了。
Bié shāngxīn le.
비에 샹신 러.

기운 내세요, 그 일은 그만 잊어요.

提起精神来，那件事别再想了。
Tíqǐ jīngshen lái, nà jiàn shì bié zài xiǎng le.
티치 찡션 라이, 나 찌엔 스 비에 짜이 시앙 러.

당신의 심정을 잘 알겠습니다.

你的心情，我很了解。
Nǐ de xīnqíng, wǒ hěn liǎojiě.
니 더 신칭, 워 흐언 리아오지에.

실망하지 말고 굳건히 밀고 나가세요!

不要失望，坚强点儿!
Bú yào shīwàng, jiānqiáng diǎnr!
부 야오 스왕, 찌엔치앙 디알!

* 坚强 굳건하다, 꿋꿋하다

중요한 물건을 잃어버렸어요, 정말 속상해요.

丢了贵重的东西，真可惜啊。
Diū le guìzhòng de dōngxi, zhēn kěxī a.
띠우 러 꾸에이쭝 더 뚱시, 쩐 크어시 아.

A : 过去的事就忘了吧!
Guòqù de shì jiù wàng le ba!
꾸어취 더 스 찌우 왕 러 바!

B : 我知道，但是心里难过啊。
Wǒ zhīdao, dànshì xīnli nánguò a.
워 쯔다오, 딴스 신리 난꾸어 아.

A : 老想着也没用啊。
Lǎo xiǎng zhe yě méi yòng a.
라오 시앙 져 이에 메이 용 아.

B : 是啊。
Shì a.
스 아.

A : 지나간 일은 잊으세요.
B : 알지만 견디기가 힘드네요.
A : 계속 생각해보았자 소용없어요.
B : 그래요.

Unit 54 상대를 격려할 때

잘 하세요!
好好儿干吧!
Hǎohāor gàn ba!
하오하오얼 깐 바!

최선을 다 하세요!
拿出干劲儿来!
Ná chū gànjìnr lái!
나 추° 깐찔 라이!

*干劲儿 의욕, 열성

더 힘을 내세요!
再加把劲儿吧!
Zài jiā bǎ jìnr ba!
짜이 찌아 바 찔 바!

사흘 후면 시험이에요, 힘을 내요!
再过三天就考试了，加油!
Zài guò sān tiān jiù kǎoshì le, jiāyóu!
짜이 꾸어 싼 티엔 찌우 카오스° 러, 찌아여우!

이 정도 일은 아무 것도 아니에요.
这么点儿事，算得了什么。
Zhème diǎnr shi, suàn de liǎo shénme.
쩌°머 디얄 스°, 쑤안 더 리아오 션°머.

괜찮아요, 다시 하면 돼요!

没关系，重新再做吧!
Méi guānxi, chóngxīn zài zuò ba!
메이 꾸안시, 충˚신 짜이 쭈어 바!

* 重新 새로이, 처음부터

A : 哎呀，太难了!
Āiyā, tài nán le!
아이야, 타이 난 러!

B : 别着急，慢慢来。
Bié zháojí, màn màn lái.
비에 쟈˚오지, 만 만 라이.

A : 什么时候才能做好啊?
Shénme shíhou cái néng zuò hǎo a?
션머 스˚허우 차이 넝 쭈어 하오 아?

B : 再坚持一下就行了。
Zài jiānchí yí xià jiù xíng le.
짜이 찌엔츠˚이 시아 찌우 싱 러.

A : 이런, 너무 어려워요.
B : 기운을 내세요.
A : 언제쯤 되면 다 끝낼 수 있을까요?
B : 조금만 더 하면 될 거예요.

Unit 55 상대가 내 일을 대신 해주었을 때

당신을 번거롭게 했군요.
给您添麻烦了。
Gěi nín tiān máfan le.
게이 닌 티엔 마판 러.

당신을 힘들게 했어요.
让你劳累了。
Ràng nǐ láolèi le.
랑° 니 라오레이 러.

수고하셨어요.
辛苦了。
Xīnku le.
신쿠 러.

도와주셔서 고맙습니다.
谢谢您的帮助。
Xièxie nín de bāng zhù.
시에시에 닌 더 빵 쭈°.

제게 큰 도움을 주셨어요.
你帮了我大忙。
Nǐ bāng le wǒ dà máng.
니 빵 러 워 따 망.

번거롭게 해서 정말 죄송해요.

太劳烦你了，真不好意思。
Tài láofán nǐ le, zhēn bùhǎoyìsi.
타이 라오판' 니 러, 쪈' 뿌하오이쓰.

A : 你要的东西我给你买来了。
　　 Nǐ yào de dōngxi wǒ gěi nǐ mǎilai le.
　　 니 야오 더 똥시 워 게이 니 마이라이 러.

B : 太谢谢你了。
　　 Tài xièxie nǐ le.
　　 타이 시에시에 니 러.

A : 那，我走了。
　　 Nà, wǒ zǒu le.
　　 나, 워 저우 러.

B : 麻烦你了。
　　 Máfan ni le.
　　 마판 니 러.

　A : 당신이 부탁하신 물건 사왔어요.
　B : 정말 고맙습니다.
　A : 그럼, 전 가볼게요.
　B : 번거롭게 해서 죄송해요.

Unit 56 칭찬을 받았을 때

과찬이십니다.
过奖, 过奖。
Guòjiǎng, guòjiǎng.
꾸어지앙, 꾸어지앙.

정말요? 감사합니다!
真的吗？谢谢！
Zhēnde ma? xièxie!
쩐더 마? 시에시에!

당신의 칭찬을 들으니 기쁩니다.
得到你的夸奖, 真高兴。
Dédao nǐ de kuājiǎng, zhēn gāoxìng.
더다오 니 더 쿠아지앙, 쩐 까오싱.

칭찬해 주셔서 정말 영광입니다.
得到你的赞扬, 我很荣幸。
Dédao nǐ de zànyáng, wǒ hěn róngxìng.
더다오 니 더 짠양, 워 흐언 롱싱.

그렇게 절 띄어주시다니, 몸 둘 바를 모르겠어요.
那样夸奖我, 实在不好意思。
Nàyàng kuājiǎng wo, shízai bù hǎo yìsi.
나양 쿠아지앙 워, 스짜이 뿌 하오 이스.

아니요! 정말 과찬이십니다.

不!你过奖了。
Bù! nǐ guòjiǎng le.
뿌! 니 꾸어지앙 러.

A : 你的汉语讲得太好了!
Nǐ de Hànyǔ jiǎng de tài hǎo le!
니 더 한위 지앙 더 타이 하오 러!

B : 哪里，哪里，还差得很远呢。
Nǎli, nǎli, hái chà de hěn yuǎn ne.
나리, 나리, 하이 챠 더 흐언 위엔 너.

A : 真的，跟中国人差不多。
Zhēnde, gēn Zhōngguórén chà bu duō.
쩐더, 끄언 쫑구어런 챠 부 뚜어.

B : 你太过奖了。
Nǐ tài guòjiǎng le.
니 타이 꾸어지앙 러.

A : 당신 중국어 실력 정말 대단하군요!
B : 아니에요, 아직 많이 모자란걸요.
A : 정말요, 꼭 중국인 같아요.
B : 과찬이세요.

Unit 57 물건을 전해달라고 부탁할 때

죄송하지만 후추 좀 제게 주세요.

对不起，请把胡椒递给我。
Duì bu qǐ, qǐng bǎ hújiāo dì gěi wǒ.
뚜에이 부 치, 칭 바 후찌아오 띠 게이 워.

* 중국어의 기본 어순은 '주어 + 동사 + 목적어' 입니다. 그러나 把를 문장에 삽입하게 되면 '주어 + 把 + 목적어 + 동사' 이렇게 목적어와 동사의 위치가 바뀝니다. 把를 문장에 사용하는 이유는 동작 행위의 대상에 초점을 두고 그 처리 결과를 강조하기 위함입니다.

죄송하지만 간장 좀 주시겠어요?

请您替我拿一下酱油。
Qǐng nín tì wǒ ná yí xià jiàngyóu.
칭 닌 티 워 나 이 시아 찌양여우.

거기 술 좀 주세요.

麻烦你，把那瓶酒传给我。
Máfan nǐ, bǎ nà píng jiǔ chuán gěi wo.
마판 니, 바 나 핑 지우 추안 게이 워.

이쑤시개 좀 건네주시겠어요?

请递给我牙签，好吗？
Qǐng dì gěi wǒ yáqiān, hǎo ma?
칭 띠 게이 워 야치엔, 하오 마?

그 요리가 부족하네요, 이쪽으로 좀 건네주시겠어요?

这盘菜不够了，麻烦你帮我把那边儿的传给我。
Zhè páncài bú gòu, máfan nǐ bāng wǒ bǎ nàbiānr de chuán gěi wǒ.
쪄 판차이 부 꺼우, 마판 니 빵 워 바 나비알 더 추안 게이 워.

Part 2. 회화의 감각을 살리는 패턴 73

죄송하지만 거기 생수 좀 건네주세요.

请您帮我把那瓶矿泉水传给我。

Qǐng nín bāng wǒ bǎ nà píng kuàngquánshuǐ chuán gěi wǒ.

칭 닌 빵 워 바 나 핑 쿠앙취엔수ˇ에이 추ˊ안 게이 워ˇ.

A : 这道菜味道淡了一点儿。
　　Zhè dào cài wèidao dàn le yì diǎnr.
　　쩌 따오 차이 웨이다오 딴 러 이 디알.

B : 加一点酱油吧。
　　Jiā yì diǎn jiàngyóu ba.
　　찌아 이 디엔 찌양여우 바.

A : 那, 麻烦你递给我。
　　Nà, máfan nǐ dì gěi wǒ.
　　나, 마판 니 띠 게이 워.

B : 好, 给你。
　　Hǎo, gěi nǐ.
　　하오, 게이 니.

　　A : 이 요리는 맛이 좀 싱겁네요.
　　B : 간장을 좀 뿌려보세요.
　　A : 그럼, 좀 주실래요?
　　B : 여기요.

Unit 58 물건을 빌릴 때

펜 좀 빌려주시겠어요?
请借用一下笔, 好吗？
Qǐng jièyòng yí xià bǐ, hǎo ma?
칭 찌에용 이 시아 비, 하오 마?

제게 10위안만 좀 빌려주세요.
你能借我10块钱吗？
Nǐ néng jiè wǒ shí kuài qián ma?
니 넝 찌에 워 스 쿠아이 치엔 마?

전화 좀 쓸 수 있을까요?
我可以用一下这个电话吗？
Wǒ kěyǐ yòng yí xià zhè ge diànhuà ma?
워 크어이 용 이 시아 쩌 거 띠엔후아 마?

화장실 좀 써도 되겠습니까?
我能借用一下洗手间吗？
Wǒ néng jièyòng yí xià xǐshǒujiān ma?
워 넝 찌에용 이 시아 시셔우찌엔 마?

회의실을 빌리고 싶은데, 괜찮을까요?
我想借用一下会议室, 可以吗？
Wǒ xiǎng jièyòng yí xià huìyìshì, kěyǐ ma?
워 시앙 찌에용 이 시아 후에이스, 크어이 마?

제가 컴퓨터 좀 써도 될까요?

请问，我可以用你的电脑吗？

Qǐngwèn, wǒ kěyǐ yòng nǐ de diànnǎo ma?

칭 원, 워 크어이 용 니 더 띠엔나오 마?

A : 你能借给我一本汉语口语书吗？
　　Ní néng jiè gěi wǒ yì běn Hànyǔ kǒuyǔ shū ma?
　　니 넝 찌에 게이 워 이 번 한위 커우위 수 마?

B : 可以啊，你要干什么？
　　Kěyǐ a, nǐ yào gàn shénme?
　　크어이 아, 니 야오 깐 션머?

> 여행하다
> 旅游는 뒤에 곧바로 장소가 올 수 없습니다. 예를 들어 '중국으로 여행가다' 하면, 旅游中国가 아니라 去中国旅游라고 말합니다.

A : 我要去中国旅游。
　　Wǒ yào qù Zhōngguó lǚyóu.
　　워 야오 취 쭝구어 뤼여우.

B : 那，借你这本汉语口语书吧。
　　Nà, jiè nǐ zhè běn Hànyǔ kǒuyǔ shū ba.
　　나, 찌에 니 쩌 번 한위 커우위 수 바.

　A : 중국어 회화 책 좀 빌려주시겠어요?
　B : 그럼요. 뭐하시게요?
　A : 중국에 여행 가려고요.
　B : 그럼 이 중국어 회화 책을 빌려드릴게요.

Unit 59 참석해도 되는지 물을 때

제가 함께 가도 될까요?

我陪你去，好吗?
Wǒ péi nǐ qù, hǎo ma?
워 페이 니 취, 하오 마?

당신을 따라가도 되겠습니까?

我跟着你去，可以吗?
Wǒ gēn zhe nǐ qù, kěyǐ ma?
워 끄언 저 니 취, 크어이 마?

저를 데려가 주시겠어요?

你能带我去吗?
Nǐ néng dài wǒ qù ma?
니 넝 따이 워 취 마?

당신이 괜찮다면 저도 함께 가고 싶어요.

如果你方便，我也想一起去。
Rúguǒ nǐ fāngbiàn, wǒ yě xiǎng yìqǐ qù.
루구어 니 팡'삐엔, 워 이에 시앙 이치 취.

괜찮으시다면 저도 당신과 가고 싶어요.

如果不介意，我想跟你一起去。
Rúguǒ bú jièyì, wǒ xiǎng gēn nǐ yìqǐ qù.
루구어 부 찌에이, 워 시앙 끄언 니 이치 취.

Part 2. 회화의 감각을 살리는 패턴 73

괜찮으시다면 파티에 참석하고 싶습니다.

如果不介意，我想参加晚会。

Rúguǒ bú jièyì, wǒ xiǎng cānjiā wǎnhuì.
루'구어 부 찌에이, 워 시앙 찬찌아 완후에이.

A : 你去哪儿?
Nǐ qù nǎr?
니 취 나알?

B : 我要去看电影。
Wǒ yào qù kàn diànyǐng.
워 야오 취 칸 띠엔잉.

A : 我可以一块儿去吗?
Wǒ kěyǐ yíkuàir qù ma?
워 크어이 이콰알 취 마?

B : 当然可以，一起去吧。
Dāngrán kěyǐ, yìqǐ qù ba.
땅란' 크어이, 이치 취 바.

A : 어디 가세요?
B : 영화 보러 가려고요.
A : 저도 함께 가도 될까요?
B : 물론이죠, 함께 가요.

Unit 60 기다리라고 말할 때

저기 앉아서 기다리세요.

请坐在那儿等一下。
Qǐng zuò zài nàr děng yí xià.
칭 쭈어 짜이 나알 덩 이 시아.

기다리세요, 금방 올게요.

你等一下，我马上就来。
Nǐ děng yí xià, wǒ mǎshàng jiù lái.
니 덩 이 시아, 워 마샹 찌우 라이.

기다리세요, 일이 좀 있어서요.

你等一下，我去办点儿事。
Nǐ děng yí xià, wǒ qù bàn diǎnr shì.
니 덩 이 시아, 워 취 빤 디알 스.

전화 걸 데가 있어요, 잠시 기다리세요.

我打一个电话，请你等一会儿。
Wǒ dǎ yí ge diànhuà, qǐng nǐ děng yí huìr.
워 다 이 거 띠엔후아, 칭 니 덩 이 후얼.

5분만요, 거기서 기다려주세요.

请你在那儿等我5分钟。
Qǐng nǐ zài nàr děng wǒ wǔ fēn zhōng.
칭 니 짜이 나알 덩 워 우 펀 쭝.

잠시만 기다리세요, 곧 됩니다.

请稍等，马上就来。

Qǐng shāo děng, mǎshàng jiù lái.

칭 샤오 덩, 마샹 찌우 라이.

A : 你哥哥在家吗?
Nǐ gēge zài jiā ma?
니 끄어거 짜이 찌아 마?

B : 出去买东西了。
Chūqu mǎi dōngxi le.
추취 마이 똥시 러.

A : 他什么时候回来?
Tā shénme shíhou huílai?
타 션머 스허우 후에이라이?

B : 快回来了。您先坐一会儿。
Kuài huílai le. Nín xiān zuò yí huìr.
쿠아이 후에이라이 러. 닌 시엔 쭈어 이 후얼.

A : 당신 오빠 집에 있나요?
B : 뭣 좀 사러 나갔어요.
A : 언제 돌아오는데요?
B : 금방요, 앉아서 기다리세요.

Unit 61 상의할 일이 있을 때

당신과 할 이야기가 있어요.
我想找你谈点儿事。
Wǒ xiǎng zhǎo nǐ tán diǎnr shì.
워 시앙 쟈오 니 탄 디알 스.

제게 한 수 좀 가르쳐주세요.
我想请教请教您。
Wǒ xiǎng qǐngjiao qǐngjiao nín.
워 시앙 칭지아오 칭지아오 닌.

당신과 의견을 좀 나누고 싶습니다.
我想跟你交换一下意见。
Wǒ xiǎng gēn nǐ jiāohuàn yí xià yìjiàn.
워 시앙 끄언 니 찌아오후안 이 시아 이찌엔.

제게 좋은 아이디어 좀 알려주세요.
我想请你给我出一点主意。
Wǒ xiǎng qǐng nǐ gěi wǒ chū yì diǎn zhǔyi.
워 시앙 칭 니 게이 워 추 이 디엔 주이.

당신의 고견을 듣고 싶습니다.
我想听听您的高见。
Wǒ xiǎng tīng ting nǐ de gāojiàn.
워 시앙 팅 팅 니 더 까오찌엔.

시간 있으세요? 당신과 상의할 일이 있어요.

你有空吗？我想跟你商量点儿事。

Nǐ yǒu kòng ma? wǒ xiǎng gēn nǐ shāngliáng diǎnr shì.

니 여우 콩 마? 워 시앙 끄언 닌 샹리앙 디알 스.

A : 你现在有时间吗？
Nǐ xiànzài yǒu shíjiān ma?
니 시엔짜이 여우 스찌엔 마?

B : 有时间。什么事啊？
Yǒu shíjiān. shénme shì a?
여우 스찌엔. 션머 스 아?

A : 有点儿事想跟你商量商量。
Yǒu diǎnr shì xiǎng gēn nǐ shāngliang shāngliang.
여우 디알 스 시앙 끄언 니 샹리앙 샹리앙.

B : 那就请你说吧。
Nà jiù qǐng nǐ shuō ba.
나 찌우 칭 니 수어 바.

A : 지금 시간 있으세요?
B : 있어요. 무슨 일이신데요?
A : 당신과 상의할 일이 좀 있습니다.
B : 그럼 얼마든지 이야기하세요.

Unit 62 상대에게 부탁할 때

당신께 부탁할 일이 있어요.
有件事想拜托你。
Yǒu jiàn shì xiǎng bàituō nǐ.
여우 찌엔 스 시앙 빠이투어 니.

당신의 도움이 필요해요.
有件事想请你帮忙。
Yǒu jiàn shì xiǎng qǐng nǐ bāngmáng.
여우 찌엔 스 시앙 칭 니 빵망.

당신께 어려운 부탁이 있어요.
有件事想麻烦你一下。
Yǒu jiàn shì xiǎng máfan nǐ yí xià.
여우 찌엔 스 시앙 마판 니 이 시아.

당신과 상의할 일이 있어요.
有件事想跟你商量商量。
Yǒu jiàn shì xiǎng gēn nǐ shāngliang shāngliang.
여우 찌엔 스 시앙 끄언 니 샹리앙 샹리앙.

회사 업무에 관해 당신 도움이 필요해요.
有一点关于公司业务的事，想请你帮忙。
Yǒu yì diǎn guānyú gōngsī yèwù de shì, xiǎng qǐng nǐ bāngmáng.
여우 이 디엔 꾸안위 꽁쓰 이에우 더 스, 시앙 칭 니 빵망.

당신의 의견을 좀 구하고 싶습니다.

有件事想征求你的意见。
Yǒu jiàn shì xiǎng zhēngqiú nǐ de yìjiàn.
여우 찌엔 스 시앙 쩡치우 니 더 이찌엔.

A : 我想拜托你一件事。
Wǒ xiǎng bàituō nǐ yí jiàn shì.
워 시앙 빠이투어 니 이 찌엔 스.

B : 什么事啊?
Shénme shì a?
션머 스 아?

A : 这件事有点儿不好开口。
Zhè jiàn shì yǒu diǎnr bù hǎo kāikǒu.
쩌 찌엔 스 여우 디알 뿌 하오 카이커우.

B : 没关系，尽管说吧。
Méi guānxi, jǐnguǎn shuō ba.
메이 꾸안시, 진구안 수어 바.

> 尽管
> 얼마든지, 마음 놓고

A : 당신에게 부탁할 일이 있어요.
B : 무슨 일인데요?
A : 말하기 좀 곤란한 일이에요.
B : 괜찮아요, 어서 말해보세요.

Unit 63 부탁을 해야 할 때

도와주십시오.
请你帮帮忙吧。
Qǐng nǐ bāng bang máng ba.
칭 니 빵 방 망 바.

이 일은 다시 한 번 생각해주세요.
这件事，你再考虑考虑吧。
Zhè jiàn shì, nǐ zài kǎolǜ kǎolǜ ba.
쩌 찌엔 스, 니 짜이 카오뤼 카오뤼 바.

다른 방법이 없습니까?
还有没有什么办法？
Hái yǒu méi yǒu shénme bànfǎ?
하이 여우 메이 여우 션머 빤파?

다른 방법이 없을까요?
能不能给我想想办法？
Néng bu néng gěi wǒ xiǎng xiang bànfǎ?
넝 부 넝 게이 워 시앙 시앙 빤파?

제발 좀 해결해주세요.
请你帮助解决一下吧。
Qǐng nǐ bāngzhù jiějué yíxià ba.
칭 니 빵쭈 지에쥐에 이시아 바.

Part 2. 회화의 감각을 살리는 패턴 73

잘 부탁드리겠습니다.

请多多关照。
Qǐng duō duo guānzhào.
칭 뚜어 두어 꾸안짜오.

A : 没有空房间了。
　　 Méi yǒu kòng fángjiān le.
　　 메이 여우 콩 팡찌엔 러.

B : 那怎么办呢?
　　 Nà zěnme bàn ne?
　　 나 전머 빤 너?

A : 真的没有了。
　　 Zhēnde méi yǒu le.
　　 쩐더 메이 여우 러.

B : 能不能给我想想办法?
　　 Néng bu néng gěi wǒ xiǎng xiang bànfǎ?
　　 넝 부 넝 게이 워 시앙 시앙 빤파?

A : 빈 방이 없습니다.
B : 그럼 어떡하죠?
A : 정말 없어요.
B : 다른 방법이 좀 없을까요?

Unit 64 상대방의 의견을 구할 때

당신이 보기에 어떤가요?

你看怎么样?
Nǐ kàn zěnmeyàng?
니 칸 전머양?

괜찮을까요?

你看行吗?
Nǐ kàn xíng ma?
니 칸 싱 마?

이 문제에 대해 어떻게 생각하세요?

对这个问题您有什么看法?
Duì zhè ge wèntí nín yǒu shénme kànfǎ?
뚜에이 쩌 거 원티 닌 여우 션머 칸파?

어떤 일이든지 모두 말해보세요!

不管什么事，你尽量说吧!
Bùguǎn shénme shì, nǐ jìnliàng shuō ba!
뿌관 션머 스, 니 찐리앙 수어 바!

＊尽量 최대한도로, 마음껏

이 일에 대해 어떻게 생각하시나요?

你对这件事有什么看法?
Nǐ duì zhè jiàn shì yǒu shénme kànfǎ?
니 뚜에이 쩌 찌엔 스 여우 션머 칸파?

어떠십니까? 이렇게 해도 될까요?

你看怎么样？这样做行吗？
Nǐ kàn zěnmeyàng? zhèyàng zuò xíng ma?
니 칸 전머양? 쩌°양 쭈어 싱 마?

A : 请给我们提提意见吧。
　　 Qǐng gěi wǒmen tí ti yìjiàn ba.
　　 칭 게이 워먼 티 티 이찌엔 바.

B : 我没有什么意见。
　　 Wǒ méi yǒu shénme yìjiàn.
　　 워 메이 여우 션°머 이찌엔.

A : 请不要客气，什么意见都行。
　　 Qǐng bú yào kèqi, shénme yìjiàn dōu xíng.
　　 칭 부 야오 크어치. 션°머 이찌엔 떠우 싱.

B : 好，那我提一个建议吧。
　　 Hǎo, nà wǒ tí yí ge jiànyì ba.
　　 하오, 나 워 티 이 거 찌엔이 바.

A : 저희에게 의견을 제시해 주세요.
B : 별다른 의견은 없습니다.
A : 그러지 마시고, 어떤 의견이든 좋습니다.
B : 그렇다면 제안이 하나 있습니다.

Unit 65 부탁을 들어줄 때

좋아요, 제가 처리하죠.
行，这件事我来办吧。
Xíng, zhè jiàn shì wǒ lái bàn ba.
싱, 쩌 찌엔 스 워 라이 빤 바.

물론입니다.
当然可以。
Dāngrán kěyǐ.
땅란 크어이.

걱정하지 마세요.
您放心好了。
Nín fàngxīn hǎo le.
닌 팡신 하오 러.

문제없어요, 제가 처리해드리죠.
没问题，我一定给你办。
Méi wèntí, wǒ yídìng gěi nǐ bàn.
메이 원티, 워 이띵 게이 니 빤.

잘 할 수 있을지 모르겠네요, 한번 해보죠.
不知道能不能做好，我试试看吧。
Bù zhīdao néng bu néng zuò hǎo, wǒ shì shi kàn ba.
뿌 쯔다오 넝 부 넝 쭈어 하오, 워 스 스 칸 바.

걱정 마세요, 이 일은 제게 맡기세요.

您放心，这件事交给我吧。

Nín fàngxīn, zhè jiàn shì jiāo gěi wǒ ba.

닌 팡'신, 쩌' 찌엔 스' 찌아오 게이 워 바.

A : 我想拜托你一件事。
Wǒ xiǎng bàituō nǐ yí jiàn shì.
워 시앙 빠이투어 니 이 찌엔 스'.

B : 什么事？你说吧。
Shénme shì? nǐ shuō ba.
션머 스'? 니 수'어 바.

A : 请你把这个交给李老师。
Qǐng nǐ bǎ zhè ge jiāo gěi Lǐ lǎoshī.
칭 니 바 쩌' 거 찌아오 게이 리 라오스'.

B : 好的。我一定帮你转交给他。
Hǎo de. wǒ yídìng bāng nǐ zhuǎnjiāo gěi tā.
하오 더. 워 이띵 빵 니 주'안찌아오 게이 타.

A : 당신에게 부탁이 하나 있어요.
B : 무슨 일이죠? 말씀해보세요.
A : 이것 좀 이 선생님께 전해주세요.
B : 그러죠, 제가 꼭 전해드리겠습니다.

Unit 66 부탁을 거절할 때

죄송합니다. 바빠서 갈 시간이 없어요.
对不起，我现在很忙，没时间去。
Duì bu qǐ, wǒ xiànzài hěn máng, méi shíjiān qù.
뚜에이 부 치, 워 시엔짜이 흐언 망, 메이 스´찌엔 취.

도움을 못 드리겠습니다.
这个忙我帮不了。
Zhè ge máng wǒ bāng bu liǎo.
쯔어´거 망 워 빵 부 리아오.

죄송합니다. 당신의 요구를 들어줄 수가 없어요.
对不起，我不能满足你的要求。
Duì bu qǐ, wǒ bù néng mǎnzú nǐ de yāoqiú.
뚜에이 부 치, 워 뿌 넝 만주 니 더 야오치우.

자신이 없어요. 확답을 못 드리겠네요.
我没有把握，难以答应。
Wǒ méi yǒu bǎwò, nányǐ dāying.
워 메이 여우 바워, 난이 따잉.

*把握 자신, 성공의 가능성

그 일은 못하겠습니다.
那种事我做不了。
Nà zhǒng shì wǒ zuò bu liǎo.
나 종´스´워 쭈어 부 리아오.

죄송합니다만, 자신이 없습니다.

真不好意思，我没有把握。
Zhēn bùhǎoyìsi, wǒ méi yǒu bǎwò.
쩐 뿌하오이쓰, 워 메이 여우 바워.

A : 请帮帮忙吧。
Qǐng bāng bang máng ba.
칭 빵 방 망 바.

B : 对不起，这我很难办。
Duì bu qǐ, zhè wǒ hěn nán bàn.
뚜에이 부 치, 쩌 워 흐언 난 빤.

A : 请你想想办法吧。
Qǐng nǐ xiǎng xiang bànfǎ ba.
칭 니 시앙 시앙 빤파 바.

B : 我实在是无能为力啊。
Wǒ shízài shì wúnéngwéilì a.
워 스짜이 스 우넝웨이리 아.

> 无能为力
> 역부족이다,
> 힘이 미치지 못하다

A : 좀 도와주세요.
B : 죄송하지만 전 어려울 것 같아요.
A : 방법을 좀 강구해주세요.
B : 제게는 역부족이네요.

Unit 67 반대 의견을 제시할 때

이렇게 하면 번거롭지 않을까요?

这样做太费事了吧。
Zhèyàng zuò tài fèishì le ba.
쩌양 쭈어 타이 페이스 러 바.

그럴 필요가 있습니까?

有那个必要吗?
Yǒu nà ge bìyào ma?
여우 나 거 삐야오 마?

그렇게 하는 게 옳을까요?

那样做合适吗?
Nàyàng zuò héshì ma?
나양 쭈어 흐어스 마?

초조해하지 마세요.

不用着急吧。
Bú yòng zháojí ba.
부 용 쟈오지 바.

더 생각이 필요하세요? 이 정도면 되지 않을까요?

还要研究吗? 这样就行了吧。
Hái yào yánjiū ma? zhèyàng jiù xíng le ba.
하이 야오 이엔찌우 마? 쩌양 찌우 싱 러 바.

이렇게 하면 좋지 않을까요?

这样做不是很好吗?

Zhèyàng zuò bú shì hěn hǎo ma?

쩌'양 쭈어 부 스' 흐언 하오 마?

A : 就这么办吧。

Jiù zhème bàn ba.

찌우 쩌'머 빤 바.

B : 我看再听听大家的意见吧。

Wǒ kàn zài tīng ting dàjiā de yìjiàn ba.

워 칸 짜이 팅 팅 따찌아 더 이찌엔 바.

A : 不必了吧。

Bú bì le ba.

부 삐 러 바.

B : 慎重一点儿也没有坏处吧。

Shènzhòng yì diǎnr yě méi yǒu huàichu ba.

션'쫑 이 디알 이에 메이 여우 후아이추' 바.

A : 이렇게 하도록 하죠.
B : 모두의 의견을 듣는 게 좋겠어요.
A : 그럴 필요 없어요.
B : 신중하다고 나쁠 건 없잖아요.

Unit 68 정확한 의사를 표명할 수 없을 때

정말 어려운 문제입니다.

这问题很难办啊。
Zhè wèntí hěn nán bàn a.
쩌 원티 흐언 난 빤 아

좀 더 생각해봅시다.

最好, 再想想吧。
Zuì hǎo, zài xiǎng xiang ba.
쭈에이 하오, 짜이 시앙 시앙 바

상황을 지켜보는 것이 최선입니다.

最好, 再看看情况吧。
Zuì hǎo, zài kàn kan qíngkuàng ba.
쭈에이 하오, 짜이 칸 칸 칭쿠앙 바

그렇지는 않을 겁니다.

可能不至于吧。
Kěnéng bú zhì yú ba.
크어넝 부 쯔 위 바

정말 처리하기 곤란하군요.

真不好办啊。
Zhēn bù hǎo bàn a.
쩐 뿌 하오 빤 아

그렇다면 생각해봐야죠.

那得考虑一下。
Nà děi kǎolǜ yí xià.
나 데이 카오뤼 이 시아.

A : 我们赶快决定吧。
Wǒmen gǎnkuài juédìng ba.
워먼 간쿠아이 쥐에띵 바.

B : 还不用着急吧。
Hái bú yòng zháojí ba.
하이 부 용 자°오지 바.

A : 可是, 已经没有多少时间了。
Kěshì, yǐjing méi yǒu duōshǎo shíjiān le.
커스°, 이징 메이 여우 뚜어샤°오 스°찌엔 러.

B : 哎呀, 再考虑考虑吧。
Āiyā, zài kǎolǜ kǎolǜ ba.
아이야, 짜이 카오뤼 카오뤼 바.

A : 빨리 결정합시다.
B : 아직 서두를 필요 없잖아요.
A : 하지만 시간이 별로 없어요.
B : 글쎄, 다시 좀 생각해봅시다.

Unit 69 동의를 나타낼 때

당신의 의견에 찬성합니다.

我赞成你的意见。
Wǒ zànchéng nǐ de yìjiàn.
워 짠청 니 더 이찌엔.

좋고말고요.

当然可以。
Dāngrán kěyǐ.
땅란 크어이.

저는 의견 없습니다.

我没意见。
Wǒ méi yìjiàn.
워 메이 이찌엔.

네, 저도 그렇게 생각해요.

对，我也这么认为。
Duì, wǒ yě zhème rènwéi.
뚜에이, 워 이에 쩌머 런웨이.

맞아요, 모두 찬성입니다.

是的，大家都赞成。
Shì de, dàjiā dōu zànchéng.
스 더, 따찌아 떠우 짠청.

물론이죠, 우리도 모두 그렇게 생각해요.

可不是嘛，我们的意见是一致的。

Kě bu shì ma, wǒmen de yìjiàn shì yízhì de.

크어 부 스' 마, 워먼 더 이찌엔 스' 이쯔' 더.

A : 为小王开个欢送会怎么样？
Wèi Xiǎowáng kāi ge huānsònghuì zěnmeyàng?
웨이 시아오왕 카이 거 후안쏭후에이 전머양?

B : 我举双手赞成。
Wǒ jǔ shuāng shǒu zànchéng.
워 쥐 수앙 셔'우 짠청'.

A : 星期天下午怎么样？
Xīngqītiān xiàwǔ zěnmeyàng?
싱치티엔 시아우 전머양?

B : 好啊。
Hǎo a.
하오 아.

A : 시아오왕을 위해서 환송회라도 여는 건 어때요?
B : 두 손 들어 찬성합니다.
A : 일요일 오후가 어떨까요?
B : 좋습니다.

Unit 70 전화를 걸 때

이준기 씨 좀 불러주시겠어요?

请叫一下李俊基好不好?
Qǐng jiào yí xià Lǐ Jùnjī hǎo bu hǎo?
칭 찌아오 이 시아 리 지 하오 부 하오?

내선번호 334 맞습니까?

你是334分机吗?
Nǐ shì sān sān sì fēnjī ma?
니 스 싼 싼 쓰 펀지 마?

시아오리의 핸드폰 번호가 어떻게 되죠?

小李的手机是多少号?
Xiǎolǐ de shǒujī shì duōshǎo hào?
시아오리 더 셔'우지 스' 뚜어샤°오 하오?

시아오왕에게 전화 좀 해달라고 전해주세요.

请让小王给我打电话。
Qǐng ràng Xiǎowáng gěi wǒ dǎ diànhuà.
칭 랑° 시아오왕 게이 워 다 띠엔후아.

대신 메시지 좀 남겨주세요.

可以替我留言吗?
Kěyǐ tì wǒ liúyán ma?
크어이 티 워 리우이엔 마?

* 替 대신하다

메시지를 남겨주세요.

请你留言。
Qǐng nǐ liúyán.
칭 니 리우이엔.

A : 喂, 是三星电子吗?
Wéi, shì Sānxīng diànzǐ ma?
웨이, 스 싼싱 띠엔즈 마?

B : 是的, 有什么事?
Shì de, yǒu shénme shì?
스 더, 여우 션머 스?

A : 我想找小李。
Wǒ xiǎng zhǎo Xiǎolǐ.
워 시앙 자오 시아오리.

B : 我就是。
Wǒ jiù shì.
워 찌우 스.

A : 여보세요. 삼성전자 맞습니까?
B : 네, 무슨 일이시죠?
A : 시아오리를 찾는데요.
B : 바로 저입니다.

Unit 71 전화를 받을 때

지금 안 계신데 누구시죠?

他不在，你是哪一位？
Tā bú zài, nǐ shì nǎ yí wèi?
타 부 짜이, 니 스 나 이 웨이?

그분은 외출하시고, 저녁때나 돌아오세요.

他出去了，晚上就回来。
Tā chūqu le, wǎnshang jiù huílai.
타 추취 러, 완샹 찌우 후에이라이.

전해드릴 말이라도 있습니까?

有什么话要转告吗？
Yǒu shénme huà yào zhuǎngào ma?
여우 션머 후아 야오 쭈안까오 마?

돌아오시면 전화 좀 해달라고 해주세요.

回来后让他给我回电话。
Huílai hòu ràng tā gěi wǒ huí diànhuà.
후에이라이 허우 랑 타 게이 워 후에이 띠엔후아.

여긴 그런 사람 없습니다.

我们这里没有这个人。
Wǒmen zhèli méi yǒu zhè ge rén.
워먼 쪄리 메이 여우 쪄 거 런.

10분 후에 다시 전화해주세요.

请你十分钟后再打电话给我。

Qǐng nǐ shí fēn zhōng hòu zài dǎ diànhuà gěi wǒ.

칭 니 스 펀 쫑 허우 짜이 다 띠엔후아 게이 워.

A : 喂, 小张在吗?
Wéi, Xiǎozhāng zài ma?
웨이, 시아오쨩 짜이 마?

B : 不在, 出去办事了.
Bú zài, chūqu bàn shì le.
부짜이, 추취 빤 스 러.

A : 他去的地方, 有没有电话?
Tā qù de dìfāng, yǒu méi yǒu diànhuà?
타 취 더 띠팡, 여우 메이 여우 띠엔후아?

B : 有, 电话号码是012-3456。
Yǒu, diànhuà hàomǎ shì líng yāo èr sān sì wǔ liù.
여우, 띠엔후아 하오마 스 링 야오 얼 싼 쓰 우 리우.

A : 여보세요. 시아오짱 있습니까?
B : 아니요, 일 때문에 나가셨어요.
A : 그분과 연락할 수 있을까요?
B : 네, 012-3456입니다.

Unit 72 병원에 가야할 때

몸이 좀 안 좋아요, 병원에 가야겠어요.

我身体不舒服,想去看医生。
Wǒ shēntǐ bù shūfu, xiǎng qù kàn yīshēng.
워 션티 뿌 수푸, 시앙 취 칸 이셩.

병원까지 어떻게 가나요?

去医院怎么走?
Qù yīyuàn zěnme zǒu?
취 이위엔 전머 저우?

배가 아파요. 병원에 좀 데려다 주세요.

我肚子疼,请带我去医院。
Wǒ dùzi téng, qǐng dài wǒ qù yīyuàn.
워 뚜즈 텅, 칭 따이 워 취 이위엔.

병원에 가야겠어요. 제 대신 택시 좀 불러주세요.

我想去医院,请替我叫出租车。
Wǒ xiǎng qù yīyuàn, qǐng tì wǒ jiào chūzūchē.
워 시앙 취 이위엔, 칭 티 워 찌아오 추주처.

머리가 아파요, 우선 약을 먹어야겠어요.

我头疼,我要先吃药。
Wǒ tóu téng, wǒ yào xiān chī yào.
워 터우 텅, 워 야오 시엔 츠 야오.

Part 2. 회화의 감각을 살리는 패턴 73

여기서 병원까지 멉니까?

这儿离医院远不远？
Zhèr lí yīyuàn yuǎn bù yuǎn?
쩌'얼 리 이위엔 위엔 뿌 위엔?

A : 李先生，对不起。
Lǐ xiānsheng, duì bu qǐ.
리 시엔셩, 뚜에이 부 치.

B : 你脸色不好，怎么啦？
Nǐ liǎnsè bù hǎo, zěnme la?
니 리엔써 뿌 하오, 전머 라?

A : 脚扭了，请你带我去医院。
Jiǎo niǔ le, qǐng nǐ dài wǒ qù yīyuàn.
지아오 니우 러, 칭 니 따이 워 취 이위엔.

B : 好，你等一下，我去叫救护车。
Hǎo, nǐ děng yí xià, wǒ qù jiào jiùhùchē.
하오, 니 덩 이 시아, 워 취 찌아오 찌우후처'.

A : 미스터 리, 미안해요.
B : 안색이 안 좋아요. 무슨 일이시죠?
A : 다리를 다쳤어요. 병원에 좀 데려다 주세요.
B : 여기 있으세요. 가서 구급차를 부를게요.

Unit 73 병문안할 때

편찮으시다는 소식을 듣고 뵈러 왔습니다.

听说你病了，我来看你。
Tīng shuō nǐ bìng le, wǒ lái kàn nǐ.
팅 수어 니 삥 러, 워 라이 칸 니.

어때요? 좋아지셨나요?

怎么样？ 好些了没有？
Zěnmeyàng? hǎo xiē le méi yǒu?
전머양? 하오 시에 러 메이 여우?

요양 잘 하세요!

好好儿养病吧！
Hǎohāor yǎngbìng ba!
하오하오얼 양삥 바!

* 好好儿 형용사를 중첩하면 뒤에 오는 형용사의 성조가 1성으로 바뀐다.

하루빨리 건강을 회복하기 바랍니다!

祝你早日康复！
Zhù nǐ zǎorì kāngfù!
쭈 니 자오르 캉푸!

일은 걱정하지 말고 푹 쉬세요!

工作的事不用担心，好好休息吧！
Gōngzuò de shì bú yòng dānxīn, hǎohāor xiūxi ba!
꽁쭈어 더 스 부 용 딴신, 하오하오얼 시우시 바!

푹 쉬고 요양 잘 하시길 바랍니다.

希望你多多休息，好好养病。
Xīwàng nǐ duōduō xiūxi, hǎohao yángbìng.
시왕 니 뚜어뚜어 시우시, 하오하오 양삥.

A : 你的病怎么样了?
Nǐ de bìng zěnmeyàng le?
니 더 삥 전머양 러?

B : 好多了。
Hǎo duō le.
하오 뚜어 러.

A : 请多多保重。
Qǐng duōduō bǎozhòng.
칭 뚜어뚜어 바오쫑.

B : 谢谢你的关心。
Xièxie nǐ de guānxīn.
시에시에 니 더 꾸안신.

A : 병세는 좀 어떠세요?
B : 많이 좋아졌습니다.
A : 몸조리 잘 하세요.
B : 신경 써 주셔서 감사합니다.

주제별 일상단어

숫자

零(líng) 영
一(yī) 일, 1
二(èr) 이, 2
三(sān) 삼, 3
四(sì) 사, 4
五(wǔ) 오, 5
六(liù) 육, 6
七(qī) 칠, 7
八(bā) 팔
九(jiǔ) 구, 9
十(shí) 십, 10
二十(èrshí) 이십, 20
三十(sānshí) 삼십, 30
四十(sìshí) 사십, 40
五十(wǔshí) 오십, 50
六十(liùshí) 육십, 60
七十(qīshí) 칠십, 70
八十(bāshí) 팔십, 80
九十(jiǔshí) 구십, 90
百(bǎi) 백, 100
二百(èrbǎi) 이백, 200
三百(sānbǎi) 삼백, 300
四百(sìbǎi) 사백, 400
五百(wǔbǎi) 오백, 500
六百(liùbǎi) 육백, 600
七百(qībǎi) 칠백, 700
八百(bābǎi) 팔백, 800
九百(jiǔbǎi) 구백, 900
一千(yìqiān) 천, 1,000
两千(liǎngqiān) 이천, 2,000
三千(sānqiān) 삼천, 3,000
四千(sìqiān) 사천, 4,000
五千(wǔqiān) 오천 5,000
六千(liùqiān) 육천, 6,000
七千(qīqiān) 칠천, 7,000
八千(bāqiān) 팔천, 8,000
九千(jiǔqiān) 구천, 9,000
一万(yíwàn) 만, 10,000
二万(èrwàn) 이만, 20,000
三万(sānwàn) 삼만, 30,000
四万(sìwàn) 사만, 40,000

五万(wǔwàn) 오만, 50,000

六万(liùwàn) 육만, 60,000

七万(qīwàn) 칠만, 70,000

八万(bāwàn) 팔만, 80,000

九万(jiǔwàn) 구만, 90,000

十万(shíwàn) 십만, 100,000

百万(bǎiwàn) 백만, 1,000,000

千万(qiānwàn) 천만, 10,000,000

亿(yì) 억

十亿(shíyì) 십억

百亿(bǎiyì) 백억

千亿(qiānyì) 천억

시간

一点(yìdiǎn) 한 시, 1시

二点(èrdiǎn) 두 시, 2시

三点(sāndiǎn) 세 시, 3시

四点(sìdiǎn) 네 시, 4시

五点(wǔdiǎn) 다섯 시, 5시

六点(liùdiǎn) 여섯 시, 6시

七点(qīdiǎn) 일곱 시, 7시

八点(bādiǎn) 여덟 시, 8시

九点(jiǔdiǎn) 아홉 시, 9시

十点(shídiǎn) 열 시, 10시

十一点(shíyìdiǎn) 열한 시, 11시

十二点(shí'èrdiǎn) 열두 시, 12시

几点(jǐdiǎn) 몇 시

~分(fēn) ~분

几分(jǐfēn) 몇 분

~秒(miǎo) ~초

几秒(jǐmiǎo) 몇 초

날짜

一日/号(yīrì/hào) 1일

二日/号(èrrì/hào) 2일

三日/号(sānrì/hào) 3일

四日/号(sìrì/hào) 4일

五日/号(wǔrì/hào) 5일

六日/号(liùrì/hào) 6육

七日/号(qīrì/hào) 7일

八日/号(bārì/hào) 8일

九日/号(jiǔrì/hào) 9일

十日/号(shírì/hào) 10일

十一日/号(shíyìrì/hào) 11일

二十日/号(èrshírì/hào) 20일

二十一日/号(èrshíyīrì/hào) 21일

三十日/号(sānshírì/hào) 30일

三十一日/号(sānshíyīrì/hào) 31일

几号(jǐhào) 며칠

요일

星期一(xīngqīyī) 월요일

星期二(xīngqīèr) 화요일

星期三(xīngqīsān) 수요일

星期四(xīngqīsì) 목요일

星期五(xīngqīwǔ) 금요일

星期六(xīngqīliù) 토요일

星期日(xīngqīrì) 일요일

星期天(xīngqītiān) 일요일

星期几(xīngqījǐ) 무슨 요일

월

一月(yīyuè) 1월

二月(èryuè) 2월

三月(sānyuè) 3월

四月(sìyuè) 4월

五月(wǔyuè) 5월

六月(liùyuè) 6월

七月(qīyuè) 7월

八月(bāyuè) 8월

九月(jiǔyuè) 9월

十月(shíyuè) 10월

十一月(shíyīyuè) 11월

十二月(shíèryuè) 12월

几月(jǐyuè) 몇 월

때

时间(shíjiān) 시간

时候(shíhòu) 때, 시

时刻(shíkè) 시각

现在(xiànzài) 현재, 지금

过去(guòqù) 과거

未来(wèilái) 미래

以前(yǐqián) 이전

以后(yǐhòu) 이후, 그후

最近(zuìjìn) 최근, 요즘

最初(zuìchū) 최초, 처음

最后(zuìhòu) 최후, 마지막

世纪(shìjì) 세기

年(nián) 연, 해

前年(qiánnián) 재작년

去年(qùnián) 작년

今年(jīnnián) 금년, 올해

明年(míngnián) 내년, 명년

后年(hòunián) 내후년

每年(měinián) 매년

新年(xīnnián) 신년, 새해

月(yuè) 월, 달

上个月(shànggeyuè) 지난달

这个月(zhègeyuè) 이번달

下个月(xiàgeyuè) 다음달

每月(měiyuè) 매달, 매월

星期(xīngqī) 주, 주간

周末(zhōumò) 주말

上个星期(shànggexīngqī) 지난주

这个星期(zhègexīngqī) 이번주

下个星期(xiàgexīngqī) 다음주

每星期(měixīngqī) 매주

日(rì) 일

日子(rìzi) 날, 날짜

前天(qiántiān) 그제

昨天(zuótiān) 어제

今天(jīntiān) 오늘

明天(míngtiān) 내일

后天(hòutiān) 모레

天天(tiāntiān) 매일

每天(měitiān) 매일

第二天(dì'èrtiān) 다음날

整天(zhěngtiān) 온종일

半天(bàntiān) 반나절

天亮(tiānliàng) 새벽

早上(zǎoshàng) 아침

白天(báitiān) 낮

上午(shàngwǔ) 오전

中午(zhōngwǔ) 정오

下午(xiàwǔ) 오후

晚上(wǎnshàng) 저녁
夜(yè) 밤
半夜(bànyè) 한밤중

지시대명사

这个(zhège) 이것그것
那个(nàge) 저것
哪个(nǎge) 어느 것
这里(zhèlǐ) 여기
那里(nàlǐ) 저기, 거기
哪里(nǎlǐ) 어디
这边(zhèbian) 이쪽
那边(nàbian) 저쪽, 그쪽
哪边(nǎbian) 어느 쪽

인칭대명사

我(wǒ) 나
我们(wǒmen) 우리들
你(nǐ) 당신
您(nín) 당신(존경)
你们(nǐmen) 당신들
先生(xiānshēng) 씨
小姐(xiǎojiě) 양

他(tā) 그, 그이
她(tā) 그녀

의문사

什么时候(shénmeshíhòu) 언제
什么地方(shénmedìfang) 어디
谁(shéi) 누구
什么(shénme) 무엇
为什么(wéishénme) 왜
怎么(zěnme) 어떻게
怎么样(zěnmeyàng) 어떻게

위치와 방향

上(shàng) 위
中(zhōng) 간운데
下(xià) 아래
左边(zuǒbiān) 왼쪽
右边(yòubiān) 오른쪽
左右(zuǒyòu) 좌우
东边(dōngbiān) 동쪽
西边(xībiān) 서쪽
南边(nánbiān) 남쪽

北边(běibiān) 북쪽
前边(qiánbiān) 앞
后边(hòubiān) 뒤
旁边(pángbiān) 옆, 가로
~从(cóng) ~부터
~到(dào) ~까지

사계절

季节(jìjié) 계절
春天(chūntiān) 봄
夏天(xiàtiān) 여름
秋天(qiūtiān) 가을
冬天(dōngtiān) 겨울

가족과 사람

男人(nánrén) 남자
女人(nǚrén) 여자
婴儿(yīng'ér) 아기
小孩子(xiǎoháizi) 어린이
大人(dàrén) 어른
成人(chéngrén) 성인
少年(shàonián) 소년
少女(shàonǚ) 소녀

儿子(érzi) 아들
女儿(nǚér) 딸
兄弟(xiōngdì) 형제
哥哥(gēge) 형
弟弟(dìdi) 동생
姐妹(jiěmèi) 자매
姐姐(jiějie) 누나, 언니
妹妹(mèimei) 누이동생, 여동생
父亲(fùqīn) 아버지
爸爸(bàba) 아빠
母亲(mǔqīn) 어머니
妈妈(māma) 엄마
丈夫(zhàngfu) 남편
妻子(qīzi) 아내
祖父(zǔfù) 할아버지
祖母(zǔmǔ) 할머니
公公(gōnggong) 시아버지
婆婆(pópo) 시어머니
岳父(yuèfù) 장인
岳母(yuèmǔ) 장모
女婿(nǚxù) 사위
媳妇(xífù) 며느리

孙子(sūnzi) 손자
孙女(sūnnǚ) 손녀
朋友(péngyou) 친구
韩国人(hánguórén) 한국인
中国人(zhōngguórén) 중국인
日本人(rìběnrén) 일본인

신체

身体(shēntǐ) 몸
头(tóu) 머리
额头(étóu) 이마
眉毛(méimáo) 눈썹
眼睛(yǎnjīng) 눈
鼻子(bízǐ) 코
耳朵(ěrduǒ) 귀
嘴(zuǐ) 입
脖子(bózǐ) 목
吼咙(hóulóng) 목구멍
肚子(dùzǐ) 배
肚脐(dùqí) 배꼽
下腹部(xiàfùbù) 아랫배
腰(yāo) 허리
肩膀(jiānbǎng) 어깨

肘(zhǒu) 팔꿈치
手腕(shǒuwàn) 손목
手指(shǒuzhǐ) 손가락
手(shǒu) 손
脚(jiǎo) 다리
膝盖(xīgài) 무릎
臀部(túnbù) 엉덩이
大腿上部(dàtuǐshàngbù) 허벅다리
脚腕(jiǎowàn) 발목
脚尖(jiǎojiān) 발끝

기본 형용사

白(bái) 하얗다
黑(hēi) 까맣다
红(hóng) 빨갛다
蓝(lán) 파랗다
绿(lǜ) 초록
大(dà) 크다
小(xiǎo) 작다
多(duō) 많다
少(shǎo) 적다
长(cháng) 길다

短(duǎn) 짧다	**容易**(róngyì) 쉽다
粗(cū) 굵다	**难**(nán) 어렵다
细(xì) 가늘다	**安静**(ānjìng) 조용하다
厚(hòu) 두텁다	**嘈杂**(cáozá) 시끄럽다
薄(báo) 얇다	**空闲**(kōngxián) 한가하다
重(zhòng) 무겁다	**忙**(máng) 바쁘다
轻(qīng) 가볍다	**热**(rè) 덥다
硬(yìng) 딱딱하다	**冷**(lěng) 춥다
软(ruǎn) 부드럽다	**愉快**(yúkuài) 즐겁다
好(hǎo) 좋다	**悲伤**(bēishāng) 슬프다
坏(huài) 나쁘다	**干净**(gānjìng) 깨끗하다
新(xīn) 새롭다	**肮脏**(āngzāng) 더럽다
旧(jiù) 오래되다	**复杂**(fùzá) 복잡하다
高(gāo) 높다	**简单**(jiǎndān) 간단하다
低(dī) 낮다	**方便**(fāngbiàn) 편리하다
贵(guì) 비싸다	**胖**(pàng) 뚱뚱하다
便宜(piányí) 싸다	**瘦**(shòu) 여위다
明亮(míngliàng) 밝다	**老**(lǎo) 늙다
阴暗(yīn'àn) 어둡다	**年轻**(niánqīng) 젊다
快(kuài) 빠르다	**浓**(nóng) 짙다, 진하다
早(zǎo) 이르다	**淡**(dàn) 엷다, 연하다
慢(màn) 늦다	

성격

性格(xìnggé) 성격
温柔(wēnróu) 온유하다
热情(rèqíng) 친절하다
直率(zhíshuài) 정직하다
优秀(yōuxiù) 우수하다
聪明(cōngming) 총명하다
机灵(jīling) 영리하다
认真(rènzhēn) 성실하다
快活(kuàihuó) 쾌활하다
积极(jījí) 적극적이다

冷淡(lěngdàn) 냉담하다
懒惰(lǎnduò) 나태하다
迟钝(chídùn) 둔하다
狂妄(kuángwàng) 방자하다
任性(rènxìng) 제멋대로이다
性急(xìngjí) 성미가 급하다
大方(dàfāng) 대범하다
小气(xiǎoqì) 째째하다
狡猾(jiǎohuá) 교활하다

감정

快樂(kuàilè) 기쁘다, 유쾌하다
高兴(gāoxìng) 즐겁다
喜欢(xǐhuan) 좋아하다
愉快(yúkuài) 유쾌하다
痛快(tòngkuài) 통쾌하다, 후련하다
舒服(shūfu) 쾌적하다
放心(fàngxīn) 안심하다
难过(nánguò) 괴롭다, 슬프다

伤心(shāngxīn) 슬퍼하다, 상심하다
烦躁(fánzào) 초조하다
悲哀(bēi'āi) 비애, 슬픔
痛苦(tòngkǔ) 고통스럽다
悲伤(bēishāng) 슬프고 마음이 쓰리다
着急(zháojí) 조급해하다
生气(shēngqì) 화나다
发愁(fāchóu) 근심하다, 우려하다

失望(shīwàng) 실망하다
害怕(hàipà) 두려워하다, 무서워하다
恐惧(kǒngjù) 겁먹다
后悔(hòuhuǐ) 후회하다
讨厌(tǎoyàn) 싫어하다, 혐오하다
有趣(yǒuqù) 재미있다
没趣(méiqù) 재미없다
苦(kǔ) 고되다, 괴롭다
辛苦(xīnkǔ) 고생하다
幸福(xìngfú) 행복하다
满足(mǎnzú) 만족하다
惊奇(jīngqí) 이상히 여기다
兴奋(xīngfèn) 흥분하다
紧张(jǐnzhāng) 긴장하다
慌张(huāngzhāng) 당황하다, 허둥대다
忍耐(rěnnài) 인내하다, 참다
期望(qīwàng) 기대하다
相信(xiāngxìn) 믿다
怀疑(huáiyí) 의심하다

중요 동사

去(qù) 가다
来(lái) 오다
坐(zuò) 앉다
站(zhàn) 서다
看(kàn) 보다
听(tīng) 듣다
吃(chī) 먹다
喝(hē) 마시다
洗(xǐ) 씻다
笑(xiào) 웃다
哭(kū) 울다
说(shuō) 말하다
做(zuò) 하다, 만들다
拉(lā) 당기다, 끌다
推(tuī) 밀다
买(mǎi) 사다
卖(mài) 팔다
穿(chuān) 입다, 신다
脱(tuō) 벗다
躺(tǎng) 눕다
起床(qǐchuáng) 일어나다

想(xiǎng) 생각하다

喜欢(xǐhuan) 좋아하다

拿(ná) 쥐다, 잡다

搬(bān) 옮기다

打(dǎ) 치다, 때리다

중요 부사

很(hěn) 매우, 잘

最(zuì) 가장, 제일

太(tài) 너무

更(gèng) 더욱

比较(bǐjiào) 비교적

特别(tèbié) 특별히

稍微(shāowēi) 약간, 조금

差不多(chàbùduō) 거의, 대체로

大致(dàzhì) 대체로, 대강

尽量(jìnliáng) 가능한 한

至少(zhìshǎo) 최소한, 적어도

实在(shízài) 참으로, 실제로

果然(guǒrán) 과연

只好(zhǐhǎo) 단지

白(bái) 헛되이

还是(háishi) 여전히

一定(yídìng) 반드시, 꼭

一直(yìzhí) 곧바로, 줄곧

大概(dàgài) 대략, 대개

仍然(réngrán) 여전히, 변함없이

又(yòu) 또

再(zài) 다시

还(hái) 또한

刚(gāng) 방금

钢材(gāngcái) 이제 막

马上(mǎshàng) 곧, 빨리

趕快(gǎnkuài) 빨리

已经(yǐjīng) 이미, 벌써

正(zhèng) 일찍, 벌써

才(cái) 바로, 곧

先(xiān) 먼저

然后(ránhòu) ~한 후에

就要(jiùyào) 머지않아, 곧

预先(yùxiān) 미리, 우선

忽然(hūrán) 갑자기

偶然(ǒurán) 우연히

本来(běnlái) 원래, 본래
常常(chángcháng) 자주
往往(wǎngwǎng) 왕왕
渐渐地(jiànjiàndì) 점차로
都(dōu) 모두, 다
到处(dàochù) 도처에
不(bù) 아니다, ~않다
没(méi) 없다, 아니다
当然(dāngrán) 당연히

생리현상

气息(qìxī) 호흡, 숨
哈欠(hāqiàn) 하품
喷嚏(pēntì) 재채기
睡语(shuìyǔ) 잠꼬대
屁(pì) 방귀
月经(yuèjīng) 월경
口水(kǒushuǐ) 침, 군침
汗(hán) 땀
泪水(lèishuǐ) 눈물
鼻涕(bítì) 콧물
呼吸(hūxī) 호흡하다, 숨쉬다
喘(chuǎn) 헐떡거리다

打嗝儿(dǎgér) 딸꾹질하다
眨眼(zhǎyǎn) 눈을 깜빡거리다
出汗(chūhán) 땀나다
发困(fākùn) 졸리다
打盹儿(dǎdǔnr) 졸다
尿(niào) 소변보다
拉屎(lāshī) 똥 누다, 대변보다

신분

姓名(xìngmíng) 성명
籍贯(jíguàn) 출생지
年龄(niánlíng) 연령
住址(zhùzhǐ) 주소
出身(chūshēn) 출신
成份(chéngfèn) 성분
工人(gōngrén) 노동자
农民(nóngmín) 농민
军人(jūnrén) 군인
作家(zuòjiā) 작가
教师(jiàoshī) 교사
教员(jiàoyuán) 교원

医生(yīshēng) 의사

大夫(dàifu) 의사

警察(jǐngchá) 경찰

商人(shāngrén) 상인

公务人员(gōngwùrényuán) 공무원

技术员(jìshùyuán) 기술자

工程师(gōngchéngshī) 엔지니어

研究员(yánjiūyuán) 연구원

售货员(shòuhuòyuán) 점원

司机(sījī) 운전수

同志(tóngzhì) 동지

干部(gànbù) 간부

职员(zhíyuán) 직원

宣传员(xuānchuányuán) 선전원

스포츠

足球(zúqiú) 축구

橄榄球(gǎnlǎnqiú) 럭비

排球(páiqiú) 배구

篮球(lánqiú) 농구

棒球(bàngqiú) 야구

乒乓球(pīngpāngqiú) 탁구

羽毛球(yǔmáoqiú) 배드민턴

网球(wǎngqiú) 테니스

游泳(yóuyǒng) 수영

赛马(sàimǎ) 경마

柔道(róudào) 유도

举重(jǔzhòng) 역도

拳击(quánjī) 권투

摔跤(shuāiqiāo) 씨름

溜冰(liūbīng) 스케이팅

滑雪(huáxuě) 스키

马拉松(mǎlāsōng) 마라톤

田径赛(tiánjìngsài) 육상경기

体操(tǐcāo) 체조

跳水(tiàoshuǐ) 다이빙

射击(shèjī) 사격

手球(shǒuqiú) 핸드볼

曲棍球(qūgùnqiú) 하키

冰球(bīngqiú) 아이스하키

射箭(shèjiàn) 양궁

高尔夫球(gāo'ěrfūqiú) 골프

保龄球(bǎolíngqiú) 볼링

거리와 도로

高速公路(gāosùgōnglù) 고속도로

国道(guódào) 국도

街道(jiēdào) 거리

十字路口(shízìlùkǒu) 사거리

马路(mǎlù) 대로, 큰길

小巷(xiǎoxiàng) 골목길

单行道(dānxíngdào) 일방통행로

近道(jìndào) 지름길

人行道(rénxíngdào) 인도, 보도

平交道(píngjiāodào) 횡단보도

地下道(dìxiàdào) 지하도

隧道(suìdào) 터널

天桥(tiānqiáo) 육교

红绿灯(hónglǜdēng) 신호등

红灯(hóngdēng) 적신호

绿灯(lǜdēng) 청신호

交通警察(jiāotōngjǐngchá) 교통경찰

堵塞(dǔsāi) 교통체증

路边(lùbiān) 길가

车道(chēdào) 차도

교통

上车(shàngchē) 타다

下车(xiàchē) 내리다

换车(huànchē) 갈아타다

开车(kāichē) 운전하다

停车(tíngchē) 정차하다

停车场(tíngchēchǎng) 주차장

执照(zhízhào) 면허증

站(zhàn) 역

车站(chēzhàn) 정류장

终点站(zhōngdiǎnzhàn) 종점

到站(dàozhàn) 도착하다

加油站(jiāyóuzhàn) 주유소

公共汽车(gōnggòngqìchē) 버스

长途车(chángtúchē) 장거리버스

游览车(yóulǎnchē) 관광버스

汽车(qìchē) 자동차

出租汽车(chūzūqìchē) 택시

救护车(jiùhùchē) 구급차

救火车(jiùhuǒchē) 소방차

自行车(zìxíngchē) 자전거

摩托车(mótuōchē) 오토바이

卡车(kǎchē) 트럭

电车(diànchē) 전차

地铁(dìtiě) 지하철

船(chuán) 배

货船(huòchuán) 화물선

客船(kèchuán) 여객선

港口(gǎngkǒu) 항구

飞机(fēijī) 비행기

机场(jīchǎng) 공항

火车(huǒchē) 기차

铁路(tiělù) 철도

客车(kèchē) 객차

전화

电话(diànhuà) 전화

听筒(tīngtǒng) 수화기

号码盘(hàomǎpán) 다이얼

电话簿(diànhuàbù) 전화번호부

公用电话(gōngyòngdiànhuà) 공중전화

电话亭(diànhuàtíng) 전화부스

电话局(diànhuàjú) 전화국

市内电话(shìnèidiànhuà) 시내전화

长途电话(chángtúdiànhuà) 장거리전화

国际电话(guójìdiànhuà) 국제전화

电报(diànbào) 전보

占线(zhànxiàn) 통화중

우편

邮局(yóujú) 우체국

邮件(yóujiàn) 우편물

邮票(yóupiào) 우표

信纸(xìnzhǐ) 편지지
信封(xìnfēng) 편지봉투
明信片(míngxìnpiàn) 엽서
邮筒(yóutǒng) 우체통
邮政信箱(yóuzhèngxìnxiāng) 사서함
邮费(yóufèi) 우편요금
邮政编码(yóuzhèngbiānmǎ) 우편번호
平信(píngxìn) 보통우편
快邮(kuàiyóu) 빠른우편
挂号信(guàhàoxìn) 등기
包裹(bāoguǒ) 소포
收件人(shōujiànrén) 수신인
寄件人(jìjiànrén) 발신인
邮递员(yóudìyuán) 우편집배원
姓名(xìngmíng) 성명
地址(dìzhǐ) 주소

공공시설

博物馆(bówùguǎn) 박물관
美术馆(měishùguǎn) 미술관
动物园(dòngwùyuán) 동물원
电影院(diànyǐngyuàn) 영화관
剧场(jùchǎng) 극장
百货公司(bǎihuògōngsī) 백화점
饭店(fàndiàn) 호텔
旅馆(lǚguǎn) 여관
食堂(shítáng) 식당
餐厅(cāntīng) 레스토랑
公园(gōngyuán) 공원
寺庙(sìmiào) 절
教堂(jiàotáng) 교회
图书馆(túshūguǎn) 도서관
城(chéng) 성
运动场(yùndòngchǎng) 운동장
体育馆(tǐyùguǎn) 체육관
礼堂(lǐtáng) 강당
游泳池(yóuyǒngchí) 수영장
夜总会(yèzǒnghuì) 나이트클럽
医院(yīyuàn) 병원

조리법

煮(zhǔ) 삶다

炖(dùn) 약한 불로 삶다

炒(chǎo) 볶다

爆(bào) 강한 불로 빠르게 볶다

炸(zhà) 튀기다

烹(pēng) 기름에 볶아 조미료를 치다

煎(jiān) 기름을 빼고 볶다

烧(shāo) 가열하다

蒸(zhēng) 찌다

拌(bàn) 무치다

烤(kǎo) 굽다

砂锅(shāguō) 질냄비에 삶다

溜(liū) 양념장을 얹다

烩(huì) 삶아 양념장에 얹다

식사

早饭(zǎofàn) 아침밥

午饭(wǔfàn) 점심밥

晚饭(wǎnfàn) 저녁밥

点心(diǎnxīn) 간식

小吃(xiǎochī) 스낵

菜肴(càiyáo) 요리, 반찬

餐(cān) 요리, 식사

点菜(diǎncài) (음식을) 주문하다

夜餐(yècān) 밤참, 야식

茶点(chádiǎn) 다과

摊子(tānzi) 노점

菜单(càidān) 식단, 메뉴

好吃(hǎochī) 맛있다

不好吃(bùhǎochī) 맛없다

口渴(kǒukě) 목이 마르다

香(xiāng) 향기롭다

甜(tián) 달다

苦(kǔ) 쓰다

淡(dàn) 싱겁다

咸(xián) 짜다

辣(là) 맵다

酸(suān) 시다

腥(xīng) 비리다

곡류

大米(dàmǐ) 쌀

大麦(dàmài) 보리
小麦(xiǎomài) 밀
玉米(yùmǐ) 옥수수
大豆(dàdòu) 콩
花生米(huāshēngmǐ) 땅콩

야채

蔬菜(shūcài) 야채
蔥(cōng) 파
洋蔥(yángcōng) 양파
蒜(suàn) 마늘
姜(jiāng) 생강
辣椒(làjiāo) 고추
茄子(qiézǐ) 가지
黃瓜(huángguā) 오이
南瓜(nánguā) 호박
菠菜(bōcài) 시금치
白菜(báicài) 배추
萝卜(luóbo) 무
土豆(tǔdòu) 감자
白薯(báishǔ) 고구마
豆芽儿(dòuyár) 콩나물

과일

水果(shuǐguǒ) 과일
苹果(píngguǒ) 사과
梨子(lízi) 배
橙子(chéngzi) 오렌지
香蕉(xiāngjiāo) 바나나
桃(táo) 복숭아
西瓜(xīguā) 수박
甜瓜(tiánguā) 참외
杏(xìng) 살구
梅(méi) 매실
葡萄(pútáo) 포도
草莓(cǎoméi) 딸기

육고기

牛肉(niúròu) 소고기
猪肉(zhūròu) 돼지고기
鸡肉(jīròu) 닭고기
羊肉(yángròu) 양고기
排骨(páigǔ) 갈비

어패류

鱼(yú) 생선

金枪鱼(jīnqiāngyú) 참치

青鱼(qīngyú) 고등어

黄鱼(huángyú) 조기

虾(xiā) 새우

螃蟹(pángxiè) 게

鳗鱼(mányú) 뱀장어

贝(bèi) 조개

牡蛎(mǔlí) 굴

<u>조미료</u>

味精(wèijīng) 조미료

酱油(jiàngyóu) 간장

酱(jiàng) 된장

盐(yán) 소금

糖(táng) 설탕

醋(cù) 식초

胡椒(hújiāo) 후추

芥末(jièmò) 겨자

生姜(shēngjiāng) 생강

辣椒(làjiāo) 고추

<u>의류</u>

衣服(yīfú) 옷, 의복

西装(xīzhuāng) 양복

上衣(shàngyī) 상의

衬衫(chènshān) 와이셔츠

毛衣(máoyī) 스웨터

背心(bèixīn) 조끼

裙子(qúnzi) 스커트

裤子(kùzī) 바지

夹克(jiākè) 점퍼

汗衫(hánshān) 속옷, 내의

汗背心(hánbèixīn) 러닝셔츠

内裤(nèikù) 팬티

乳罩(rǔzhào) 브래지어

袜子(wàzi) 양말

帽子(màozi) 모자

领带(lǐngdài) 넥타이

皮鞋(píxié) 구두

高跟鞋(gāogēnxié) 하이힐

球鞋(qiúxié) 운동화

凉鞋(liángxié) 샌들

拖鞋(tuōxié) 슬리퍼

旅游鞋(lǚyóuxié) 스니커즈

长筒皮鞋(chángtǒngpíxié) 부츠

雨鞋(yǔxié) 장화

날씨

天气(tiānqì) 날씨
太阳(tàiyáng) 태양
阳光(yángguāng) 햇빛
星星(xīngxing) 별
月亮(yuèliàng) 달
风(fēng) 바람
云(yún) 구름
露水(lùshuǐ) 이슬
霜(shuāng) 서리
雪(xuě) 눈
雨(yǔ) 비
虹(hóng) 무지개
毛毛雨(máomáoyǔ) 이슬비
阵雨(zhènyǔ) 소나기
梅雨(méiyǔ) 장마
闪电(shǎndiàn) 번개
雷(léi) 천둥
冰雹(bīngbáo) 우박
风暴(fēngbào) 폭풍
台风(táifēng) 태풍

洪水(hóngshuǐ) 홍수
沙尘(shāchén) 황사
红霓(hóngní) 무지개
天气预报(tiānqìyùbào) 일기예보
阴天(yīntiān) 흐림
晴天(qíngtiān) 맑음
冰(bīng) 얼다
潮湿(cháoshī) 습하다
干燥(gānzào) 건조하다
冷(lěng) 춥다, 차다
凉快(liángkuài) 시원하다
暖和(nuǎnhuo) 따뜻하다
热(rè) 덥다
晴(qíng) 개다, 맑다
雨季(yǔjì) 우기
节期(jiéqī) 절기

기후와 자연

气候(qìhòu) 기후
寒带(hándài) 한대
温带(wēndài) 온대
寒流(hánliú) 한류

暖流(nuǎnliú) 난류
温度(wēndù) 온도
摄氏(shèshì) 섭씨
零上(língshàng) 영상
零下(língxià) 영하
大陆(dàlù) 대륙
海(hai) 바다
海滨(hǎibīn) 해변
河(hé) 강, 하천, 목
岸(àn) 물가, 강변
湖(hú) 호수
池子(chízi) 못
沟(gōu) 개천, 도랑
山(shān) 산
山谷(shāngǔ) 산골짜기
山脚(shānjiǎo) 산기슭
山坡(shānpō) 산비탈
溪谷(xīgǔ) 계곡
地(dì) 땅
土地(tǔdì) 토지
地面(dìmiàn) 지면, 지표
草地(cǎodì) 초원

森林(sēnlín) 삼림
树林子(shùlínzi) 숲
田地(tiándì) 논밭
野外(yěwài) 야외
风景(fēngjǐng) 풍경

동물

动物(dòngwù) 동물
牲口(shēngkǒu) 가축
狗(gǒu) 개
貓(māo) 고양이
马(mǎ) 말
牛(niú) 소
猪(zhū) 돼지
鸡(jī) 닭
鸭子(yāzi) 오리
兔(tù) 토끼
羊(yáng) 양
山羊(shānyáng) 염소
狐(hú) 여우
狼(láng) 늑대
猴(hóu) 원숭이
鹿(lù) 사슴

虎(hū) 호랑이
狮子(shīzi) 사자
熊(xióng) 곰
熊貓(xióngmāo) 판다
象(xiàng) 코끼리
河马(hémǎ) 하마
鼠(shǔ) 쥐
蛇(shé) 뱀
鸟(niǎo) 새

식물

植物(zhíwù) 식물
木(mù) 나무
花(huā) 꽃
草(cǎo) 풀
松树(sōngshù) 소나무
竹子(zhúzi) 대나무
菊花(júhuā) 국화
蘭草(láncǎo) 난
跟(gēn) 뿌리
秆子(gǎnzi) 줄기
茎(jīng) 가지
葉子(yèzi) 잎

芽(yá) 싹
树皮(shùpí) 나무껍질
花瓣(huābàn) 꽃잎
种子(zhǒngzǐ) 씨앗

주거

房子(fángzǐ) 집
住宅(zhùzhái) 주택
公寓(gōngyù) 아파트
大樓(dàlóu) 빌딩
正门(zhèngmén) 현관
起居室(qǐjūshì) 거실
卧室(wòshì) 침실
客厅(kètīng) 응접실, 객실
餐厅(cāntīng) 부엌
洗脸间(xǐliǎnjiān) 세면장
厕所(cèsuǒ) 화장실
洗澡间(xǐzǎojiān) 욕실
樓上(lóushàng) 위층
樓下(lóuxià) 아래층
走廊(zǒuláng) 복도
樓梯(lóutī) 계단
电梯(diàntī) 엘리베이터

窗户(chuānghù) 창문

식기

餐具(cānjù) 식기
碗(wǎn) 그릇
盘子(pánzi) 쟁반
碟子(diézi) 접시
筷子(kuàizi) 젓가락
匙子(chízi) 숟가락
勺子(sháozi) 국자
餐刀(cāndāo) 부엌칼
菜刀(càidāo) 요리용 칼
菜板(càibǎn) 도마
茶杯(chábēi) 찻잔
锅(guō) 냄비

가구와 침구

家具(jiājù) 가구
桌子(zhuōzi) 탁자
椅子(yǐzi) 의자
沙发(shāfā) 소파
床(chuáng) 침대
被子(bèizi) 이불
褥子(rùzi) 요
枕头(zhěntóu) 베개

생활용품

牙刷(yáshuā) 칫솔
牙膏(yágāo) 치약
肥皂(féizào) 비누
香皂(xiāngzào) 세숫비누
洗衣粉(xǐyīfěn) 세제
镜子(jìngzi) 거울
梳子(shūzi) 빗
剪刀(jiǎndāo) 가위
指甲刀(zhǐjiǎdāo) 손톱깎이
雨伞(yǔsǎn) 우산
钱包(qiánbāo) 지갑
钥匙(yàochí) 열쇠
钟表(zhōngbiǎo) 시계
眼镜(yǎnjìng) 안경
火柴(huǒchái) 성냥
大火机(dàhuǒjī) 라이터